如何让别人乐意分享

甚至宁愿付费也要转发你的内容？

社交币

让什么资源为你站台？让什么人为你背书？

社交币能做到！

张凯元◎著

中国出版集团
现代出版社

图书在版编目（CIP）数据

社交币 / 张凯元著. -- 北京：现代出版社，2017.6

ISBN 978-7-5143-4995-5

Ⅰ. ①社… Ⅱ. ①张… Ⅲ. ①经济关系－通俗读物
Ⅳ. ①F014.9-49

中国版本图书馆CIP数据核字（2016）第109652号

作　　者	张凯元
责任编辑	张桂玲
出版发行	现代出版社
通讯地址	北京市安定门外安华里504号
邮政编码	100011
电　　话	010-64267325　64245264（传真）
网　　址	www.xdcbs.com
电子邮箱	xiandai@cnpitc.com.cn
印　　刷	北京中印联印务有限公司
开　　本	787mm×1092mm　1/16
印　　张	14.5
版　　次	2017年9月第1版　2017年9月第1次印刷
书　　号	ISBN 978-7-5143-4995-5
定　　价	39.80元

序言

社交币，互联网时代最值得拥有的资本

低头刷手机，抬头看电脑，这已然成了当代人的生活常态。有人说，这是在浪费时间，但有些人却偏偏从中创造出了巨大的价值。这些人之所以能获得成功，是因为他们率先认识到了社交币的价值与威力。

社交币，简言之就是在社交活动中产生的价值。这个概念之所以现在才被提出来，是因为近几年来，社交活动的重心开始从线下转移到了线上，而线上社交有两个非常重要的特点：第一就是具有非同一般的传播性，这使得社交具备了“流通（传播）的价值”；第二就是更容易被统计，这使得社交币成为一种可以被量化的东西。

流通性+量化性是传统货币的两大特点，当这两个特点在线上社交过程中开始显现的时候，也就顺水推舟地促成了社交币的出现。

上面这段话看起来有些生涩，对于我们刚接触社交币概念的读者而言不是很容易理解。下面我们用一些具体的实例来说明社交币的意义。

相信正在看这本书的你也是微博、朋友圈、博客的使用者，那么，当你在使用这些社交软件的时候，你的身份就是一个“信息发布者”。从现在开始，请你牢牢记住自己“信息发布者”这个身份，因为我们平时可能没有意识到或经常会忽视自己的这一身份。

假设你的朋友圈好友有300人，那么作为一个信息发布者，你发布的每一条信息，就可能被300人看到。于是，你作为一个信息发布者的价值就体现出来了。你拥有“300普通社交币”。

下一步，你需要牢牢记住关于社交币的第二个概念：**社交币不是现金，但是可以引导现金的走向！**

举个简单的例子，现在你发布了这样一条信息：“刚买了一款XX的手机，没想到刚入手就出现了黑屏。真是烦心，下次决不会买这个牌子的手机了。”

在发布这条信息的时候，你可能只不过是想对别人发发牢骚而已，但事实上，这条信息会被你300个好友中至少10%的好友见到（根据统计，一条信息发布后，至少会被平台活跃用户的10%看到），那么这10%的朋友很可能在下次购买手机的时候就会避开你所抨击的那款手机。如此一来，本来可能会被用以消费这款手机的现金，被用在了别处，这是不是引导了资金的走向？

你可能会觉得，这也说不定啊，那300个朋友可能从来没打算过要买这个品牌的手机，那样的话，就根本没有影响任何事情啊。你说得没错，你的这条信息可能没有任何作用，但是我们现在假设另外一种情况：你的朋友圈人数不是300人，而是300万人，结果会怎样？

我可以很负责任地告诉你，如果你的朋友圈有300万人，你发布了那样一条消息，结果肯定是该品牌的手机供应商马上进入公关模式，在第一时间找到你，希望你删除这条信息。因为你的这条信息一定会对他们的销量造成影响，拉低他们的营收。所以，我们现在要引出第三个概念了，那就是：

社交币的价值随着社交规模的增长呈指数增长。

当你有1~300个朋友圈人数时，你的社交币价值是300普通社交币；但当你拥有了3000以上朋友圈人数时，你的社交币价值并不是简单地乘以10等于3000这么简单，此时它的价值应该是“9000普通社交币+3000优质社交币”之和。

现在，我们已经明白了三个事实：

1．每个人都是社交币持有者；

2．社交币不是现金，但是可以左右现金流向；

3．社交币的币值以指数增长。

那么，随之而来也产生了三个问题：

1．我的社交币用在了哪里?

2．我怎样才能把我的社交币“折现”？

3．我怎样才能让我的社交币币值获得指数增长的机会?

这三个问题正是本书要讨论的核心内容。

在互联网时代背景下，我们的生活正被数据化的便利颠覆，每个人都需要转变传统的社交、传播和金钱思维，了解一个人的网上形象和传播规模具备的价值，以及它与我们的生活以及未来命运的关系。本书正是要对这种关系做一个系统的梳理，以便每个人都能掌握社交币的常识，建立社交币思维，一展所长赚取更多的社交币，并将它变为品牌，甚至变为现金。

在书中，你需要知道社交币的基本概念，它是社交活动的价值，包括你的形象、你的话题性以及你的影响力三方面的内容。形象意味着社交币的产生，话题意味着社交币的流通，影响力意味着变现能力，三者缺一不可。

社交币，互联网时代最值得拥有的一项资本。我们不仅是社交币的获取者，还是社交币的提供者，这是互联网特性决定的。在一个平等互动的平台上，当你有能力给他人提供源源不断的社交币时，你的社交币就永远不会匮乏。现在就让我们详细地了解它的来龙去脉，学习如何把玩社交币于股掌之上。

目　录

PART I　社交币的根本：提供有价值的内容

“话题性”社交币：引爆话题，花小钱办大事，不花钱也成事　/　003
“病毒性”社交币：“传染性”极强，蔓延速度极快　/　006
“展示性”社交币：怎样“晒”出巨大价值与无穷能量　/　010
“表述性”社交币：“私密信”令很多难题迎刃而解　/　013
“比较性”社交币：激发用户好胜心，用户就主动为你推广　/　016
“爆炸性”社交币：信息传播世界里当之无愧的王者　/　019
“热点性”社交币：来得快去得也快的全民传播　/　022
社交币三原则：社交币的根本是有价值的内容　/　024

PART Ⅱ 社交币的核心价值：流通！流通！流通！

多元、迅速的传播，带来无可估量的价值 / 029
梅西在微博里发布的每个字，都是流动的社交币 / 032
让信息内容拥有无与伦比的魅力 / 034
社交币思维：万科品牌的新价值 / 037
互联网时代的常识：信息流通才有社交币 / 040
参与，让每个人成为主角，获得大量社交币 / 043
社交人格：你不可不知的社交常识 / 045
个性是传播者的通行证，创新是个性的真谛 / 048
从免费到收费，Freemium的秘密 / 050
用速度角度温度深度，寻找舆论制高点 / 053
七大要点，提高信息覆盖率，收获天量社交币 / 055
读图时代，做一个视觉达人更能发挥社交币的价值 / 058

PART Ⅲ 社交币“本位”：分享规模决定币值大小

共享经济是每个人的机会，你甘愿落后吗 / 063
社交币“本位”：分享规模越大，社交币价值越大 / 066
你幽默？有才？犀利？美丽？机智……请亮出你的核心价值 / 069
形象本位：从网红模特到淘宝店主 / 071
概念本位：要打造就打造出一个名牌来 / 074
群组本位：先小规模定位，后大规模扩散 / 076
知识本位：变革表达方式，让知识生动 / 079
粉丝本位：拥有一千铁杆粉丝，就能过上安稳生活 / 081
从众心理：越被大众关注，越容易得到社交币 / 084
团购、众筹、打赏、红包……社交币变现的背后是什么 / 086
个性化腾飞的时代：个人定制正成为主流 / 088

PART Ⅳ 社交币的增值：寻找社交财富的“引爆点”

找到社交币从量变到质变的关键性节点 / 095
制造话题：探析“papi酱”一夜成名的爆点 / 097
制造热点：把人们隐藏的心理爆点一网打尽的冰桶挑战 / 100
逆向思维：利用人们爱占便宜心理的“吃垮营销” / 103
换位思考：通过提供参与感成功“爆破”的小米手机 / 105
剑走偏锋：反向刺激消费者心理的“最难喝饮料” / 107
如何从微信朋友圈“六大门派”里突围？靠创意 / 109
没有爆点怎么办？用话题量变累积质变 / 111
小成本，大突围：社交币的核心本位是什么 / 113
情感分享：很容易操作的社交币持续增加的方法 / 115

PART Ⅴ 社交币的“通货膨胀”：战胜“信息厌倦”

“信息厌倦”会令社交币“通货膨胀” / 121
拿什么拯救大众的审美疲劳与审美折旧 / 124
好声音？好故事？好累！——社交币的疲软 / 126
“僵尸粉”到底有没有必要使用 / 128
“王室社交币”：英国王室的与时俱进，求新求变 / 130
多研究问题，少宣扬套路，就不会有社交币“通胀”的顾虑 / 134
永远开辟新思路，才是高人一筹的营销宣传 / 137
新瓶既要会装旧酒，又要会添新酒 / 139
找个好拍档，强强联手才有更大突破 / 142
制造强劲卖点，突破社交币“通胀”瓶颈 / 145
反差萌：跨越界限，扩展魅力 / 149
拓展话题，掀起新一轮热议 / 151

PART Ⅵ 社交币的“债务危机”：打造核心价值才是王道

社交币的正值与负值：从两条“大鱼”说起 / 157
打造核心价值才是王道：吸粉千日，掉粉一朝 / 160
负面传播，会令社交币短期增值、长远贬值 / 163
告别赔钱宣传，从“免费”顺利升级到“收费” / 165
饥饿营销的内在逻辑：给人一种“高人一等”的胜利感 / 167
怎样正确处理“债务危机”：情怀与工匠的悖论 / 169
危机公关的启示：“好吧，其实我是这样的薯片” / 172
用黏性宣传给你的形象加一个“保险栓” / 175
警惕！尽量不做这10种令人厌恶的共享行为 / 178
你的形象不能无限制地发散 / 182
从ID到IP，商业化观念正在蔓延 / 184

PART Ⅶ 社交币的成长：不断叠加价值，提升含金量

唐僧为什么要去西天取经 / 189
人物形象越丰满，社交币越坚挺 / 193
价值叠加，让贝克汉姆一家红了20年 / 197
霉霉永远不缺社交币：“实力+话题度”的巨大影响力 / 200
教你5招，迅速提升你社交币的含金量 / 203
如果抢西瓜的人太多，不妨先专注于某一粒芝麻 / 206
自我赞美的学问：“三只松鼠”这样收获高“回头率” / 209
广告带来效益，好内容带来社交币 / 211
娱乐娱乐又娱乐，创意创意再创意 / 214
用好社交币，领航自媒体时代 / 216

PART I

社交币的根本

提供有价值的内容

社交币是什么？是一个人在社交活动中产生的价值，是他人愿意在社交中分享的价值。可分享、易流通、能扩散是社交币升值的关键。分享的起点在于手中拥有的社交币。你打造的形象，你分享的话题，你提倡的热点，你表述的观念……这些信息内容只有能够吸引人、打动人，才能形成分享规模，才能提高你的社交币的含金量。

本章介绍了7种最基本的社交币，它们涵盖了我们生活的各个层面，代表了当代人的喜怒哀乐，掌握了它们就掌握了社交币的基本常识。我们不必为自己的社交平台上缺乏好的更新内容而发愁，一旦熟谙了这7种社交币，你将拥有一波又一波高涨的人气，一个又一个新颖、有趣又吸引人的话题。

“话题性”社交币：引爆话题，花小钱办大事，不花钱也成事

随着社交网络的兴起，分享信息已逐渐成为我们的习惯。商家为了让人们转发自己的产品信息，奇招妙法真是层出不穷。“如果你能拍一张我们花店的照片并发到朋友圈，我们将送你一枝免费的玫瑰。”“转发这条信息，然后把截图发给我们，你即可领取10元红包。”“转发朋友圈并集齐100个赞，送移动电源一个。”

个人为了让他人分享自己的信息，往往会把人情打包廉价送出去。“嗨，哥们儿，看见我今天的朋友圈了吗？帮忙点个赞呗！”“美女，帮忙转一下今天的朋友圈，回头请你吃饭哈！”

其实无论商家也好个人也罢，让人转发信息的目的都一致——为了传递信息。可是，让别人分享传递我们的信息真就这么难吗？需要花很多钱才能诱导分享？需要拉下面子请求别人分享吗？

当然不！其实分享传递信息和吃饭睡觉一样，本身就是人天生的欲望，是不需要金钱激励就会自动去做的事情。至于请求别人分享，自然也不需要。与其花费巨额资金诱导别人分享，或者再三呼唤请求别人分享，不如直接在信息内容上做文章。试想，如果我们创造出的内容能够让别人主动分享，那会是怎样一种情形呢？如果这样，那么可以肯定，我们“不花一分钱、不舍一点面”就能让信息快速传递起来。

于是，社交币适逢其时地出现了。能让别人主动分享传递的自然是有价值的社交币。这样的社交币的形式是多种多样的，现在我们先来介绍其中一种比较实用的信息内容——“话题性”社交币。

姑且先放下“社交币”这个概念，让我们从身边最常见的事情引入。在日常生活中，我们每个人都有过与别人聊天的经历——这太多了。比如，同学会上，老同学多年不见，当然要聊天； 相亲会上，优秀女孩那么多，不聊怎么可以；拜访客户，聊得好才能收获好……即使家人之间，也需要多聊天以增进感情。

可是，这种日常聊天却总是会让人陷入烦恼之中，原因是不知道聊什么。同学会上，多年不见的老同学原本应该有很多话聊的，可是三五句寒暄之后，大家却都缄口不语了，或者有人说起一件事却应者寥寥，很快场面就冷了下来。这是多么令人尴尬呀！

说到底，冷场不是无话可聊，而是没有找到引发大家兴趣的话题。一个合适的话题，足以激起所有交谈者的兴趣。**怎样才能找到合适的话题呢？最简单有效的方法是，学会“投其所好”。**

在聊天过程中，我们不仅要善于把自己的内心意愿传递出去，还应主动去发现对方感兴趣的东西，并将其作为进一步交流的切入点。在交流中，我们如果能“投其所好”，就会迅速获得对方的认同，拉近彼此间的距离，从而让交流更顺畅。

有一次，还未成为美国总统的西奥多·罗斯福参加了一场在奥马哈举办的宴会。宴会上，身为民主党人士的罗斯福遇到了众多不认识的共和党人士。因为彼此间不熟悉，所以大家之间的交流都是礼节性的招呼，没有实质性的交流。

当时罗斯福正准备参加总统选举，所以他想借机多结识一些共和党人士。可是，他和这些人并不熟悉，如何才能展开实质性交流？这个时候，他看到了一位熟人——罗斯瓦特博士。他同这位博士很要好，这位博士则交友广泛，在政界有相当好的人脉关系。于是，他悄悄凑到博士身边，向他逐一打听这些陌生人的背景和大致情况，还特别询问了他们的喜好。

随后，罗斯福开始游走到他们中间。他与那些人逐一攀谈，并总能根据对方的情况抛出一些有意思的话题。那些人见罗斯福如此了解自己，话题又非常有意思，都觉得非常高兴，大家相谈甚欢。当然，罗斯福达到了自己的目的，他获得了这些人的好感与支持。

这就是话题的力量。**无论什么时候，合适的话题总能如一束芬芳的玫瑰，引起参与者的兴趣。越有意思的话题，其能产生的影响就越大。**

现在，让我们回到"话题性"社交币中来。古语说，"工欲善其事，必先利其器"，一个手艺人要想把工作做好，准备好工具是关键。我们要想让别人对我们的信息感兴趣，进而把信息传递出去，就一定要学会利用现有资源，把信息内容包装成色香味俱全的"话题性"美味。这同与朋友面对面聊天一样，只要找准话题"投其所好"，信息传递便不成问题，社交币价值由此产生。

作为一家创业型企业，大疆在2013年初才发布了其第一款产品——大疆精灵。在此之前及发布后的一段时期内，大疆一直默默无闻，没有什么时间和精力去做广告。大疆产品最大的优势是产品可靠且足够吸引人，因此在关注这个领域产品的爱好者中，它有着不错的口碑。不过大疆显然也清楚，仅仅依靠口碑传播无法在短期内大范围快速度地推广产品。怎么办呢？他们很快就想明白了，最有效的方法就是进行话题事件的营销推广。

很快，大疆展开了一系列营销行动。例如2014年10月，有新闻报道叙利亚武装人员击落了一架遥控飞行器，称这台飞行器来自政府，实际上它侧面有"Phantom"字样。又如，2015年1月，美国华盛顿执法部门发现一架小型无人机擅自闯入白宫，而这架小型无人机正是大疆。这些话题事件自然在社交网络上被大量讨论——传递——讨论，从而大疆在世界范围内的知名度也因此骤然飙升。

2015年，大疆又成功地利用热门话题，为无人机营销打了漂亮一仗。2015年2月，明星汪峰在章子怡36岁的生日派对上，通过大疆无人机送来了一颗钻戒并向章子怡求婚。这一消息迅速引爆社交网络，大疆无人机也因此一下子登上了网络热议话题榜。在中国，无人机产品绝对算得上是一个小众领域产品，但大疆却成功地闯入大众视野，其所引发的热度甚至超过了很多大众领域产品。

"话题性"社交币的巨大传播价值由此可见一斑。在这个案例中，大疆把无人机的宣传成功隐藏在大众津津乐道的话题中。试想，如果大疆只是单纯发布无人机信息，会有人愿意关注并转发传播吗？当然会有，但这个群体很可能只会是小部分人。而包装上了“擅闯白宫”、“汪峰向章子怡求婚”等热点后，大疆无人机搭乘这些热点话题，成功地吸引了人们的兴趣，被关注和传递就成为理所当然。试想一下，如果你在朋友圈里看到这样可以“八卦”的信息，会不拎出来嚼一番吗？这就是话题带来的热度！

“病毒性”社交币：“传染性”极强，蔓延速度极快

众所周知，无论是生物学病毒还是计算机病毒，都有着“传播速度快”的特点。人们将病毒这个特点嫁接到营销学中，便有了“病毒性营销”的概念。所谓“病毒性营销”，就是利用用户口碑传播的原理，让信息在互联网中像病毒一样迅速蔓延。这种营销方式常用于网站推广、品牌推广等，是一种高效的信息传播方式。而且，这种传播在用户之间自发进行，因此几乎不需要什么推广费用。

“病毒性”社交币自然在“病毒性营销”的范畴之内。如果我们所创造的信息内容，既蕴含了原本传播的真实意图，又具有病毒快速蔓延的特点，那么这些信息就是有价值的社交币。换句话说，“病毒性”社交币，让我们创造的信息能像病毒一样被快速分享和传播。

“病毒性”社交币意味着我们创造的信息具有极强的感染力，能感染才会有传播。美国著名心理学家菲尔·麦格劳曾经说过：“某个信息由一个人传递

给另一个人并最终扩散到数百人的情况是非常罕见的。被不断传递的唯一的事情就是病毒，对人类或电脑来说都是。”病毒凭借极其强悍的感染能力，把罕见的大规模扩散变成了事实，而“病毒性”社交币同样也能用其非同一般的感染能力，掀起信息扩散的大风暴。

现在，我们来看看“病毒性”社交币具有多么大的能量。

2015年7月14日晚，微信朋友圈里疯传一条“三里屯优衣库试衣间”的信息，并附有让人脸红心跳的照片。这是一则视频信息，视频中一对男女正在试衣间做羞羞的事，而从外面的声音可以确定这个试衣间属于三里屯优衣库。很快，朋友圈都被这条优衣库视频刷满了，午夜12点，所有在线的人都为优衣库免费做了市值1200万元的广告。虽然大多数网友认为这条消息只是优衣库的营销策略，但却无人惊讶于其恐怖的病毒式蔓延速度。几乎在瞬间，网络人都知道了这条信息，并以此为讨论话题。

当然，这则不雅视频虽然带来了强大的传播效果，但却突破了法律底线，涉事人也因此被刑拘。不过这不是重点，重点是通过这则案例，我们可以看到“病毒性”社交币恐怖的传播效果。

问题又来了：为什么“病毒性”社交币能有这样恐怖的传播效果？或者，“病毒性”社交币为什么能让人产生兴趣并乐于分享传播?

其实说到底，还是由信息内容决定的。从“三里屯事件”中我们发现，很多时候，吸引人分享传播的信息，不仅仅是单纯的物质刺激。在社交网络中，常常会有很多“转发有礼”的信息，那样的信息只是单纯的物质刺激而已，虽然会有人转发，但却起不到什么实际意义。原因很简单，那只是利益驱使而并非兴趣所在。

“病毒性”社交币提倡的是什么呢？物质也许是一方面，但绝不能是全部，“三里屯事件”中有物质的影子吗？没有。“病毒性”社交币中除了要有物质外，还要有感人、有趣、刺激性的内容。“三里屯事件”显然抓住了人们享受刺激内容的神经，因此得以快速蔓延。

总结起来，“病毒性”社交币中往往隐藏着刺激性内容，它能让接触者像剥洋葱一样，第一时间起反应。当然了，仅仅是刺激还不够，“病毒性”社交币还要求我们，要在第一时间获得可以有效传播我们信息的个人或组织的注意力。我们要赶紧把这颗洋葱剥开，让辛辣味道第一时间散发出来。

现在，我们知道什么是“病毒性”社交币了，也清楚其能带来多么强悍的营销效果。但是，明白不代表就能做到。事实上，无论是商家还是个人，真正能让信息实现病毒式传播的寥寥无几。原因无他，想真正抓住让人们感到刺激的东西，实在太难了。在这里，我们总结出一些经验和建议，希望能够帮到有需要的读者朋友。

第一，不要以为你的内容足够吸引人，其实还差得远。

这话怎样理解呢？曾经有位导演对朋友说：“我们在拍摄电视剧找群众演员的时候，未必都找那种明眸善睐的人，而是或多或少有一些兼顾，高矮胖瘦都会上来一下。原因是，有人喜欢漂亮的，也有人喜欢平凡一点的，更有人喜欢稍微矮胖一点的，要想让更多人喜欢，刺激必须是多倍的。”这位导演的话，可以看成是“病毒性”社交币的金科玉律。

你以为自己的信息内容很刺激很吸引人？或许确实不错，但不要忘记，你的信息是给别人看的，你的感觉只能代表一小部分人。想让更多人传递这条信息，你就必须让它更刺激、更吸引人。所以，我们的要求是，你的信息不仅要新奇，还要独特。就像肯德基的川香鸡腿堡一样，喜欢鸡腿堡的人不会因为有辣椒而排斥它，而喜欢辣椒的人又会特别钟爱它，多重刺激往往能覆盖更大范围的人群，唯有如此，你的信息才能变身为强悍的“病毒性”社交币。

第二，信息内容有争议是好事，但不能过火。

细心观察，你能发现身边的人都喜欢传播什么信息吗？你肯定会发现，“三里屯事件”传播很快，“谁和谁搞到一起去了”之类的信息也传播得很快。这不奇怪，因为在生活中负面信息的传播远比正面的要快。所以，你的信息内容可以用争议推动关注点，让其传染性更强，传播速度更快。但是，要切记，必须保持一个平衡，不能做得过火。

另外，我们创作信息时还要注意，信息内容一定要简短。那些我们认为吸引人的、有一定完整长度的视频、文章等信息，通常很难在网络上进行大范围传播。原因很简单，微信、微博受众的注意力跨度非常短。信息内容太长，观众还未看到重点便已经转移注意力去看其他了，何谈传播？所以，我们的信息内容一定要像新华社的简讯一样，简明扼要地说明一件事，这会比煽情更有效果。

第三，可以适当付一些费用。

虽然“病毒性”社交币能带来免费的快速蔓延，但为了传播效果更好，我们也可以试着付一些推广费用。武侠小说中，一个一流剑客的剑术再高明，也往往敌不过一群二流剑客的围攻。所以即便我们的信息内容有着很强的“传染性”，但由于平台有限，撒网面积太小，也有可能无法取得期望的传播效果。适当付一些费用，结果可能就不一样了。无论我们是想让一些“名微”转发自己的信息，还是想让自己的话题出现在一些论坛社区的主要位置，花些费用都可以办到。我们一定要记住，时间、金钱、创意三者有机结合，才能有一个比较好的传播。

还记得那段“查理咬了我的手指”的小视频吗？它曾像病毒一样疯狂蔓延，被传播3750万次，并且成功地引起了媒体的注意。不要觉得难以置信，如果你的信息内容能同样有趣、同样引起受众共鸣，如果你能有效推广，你也可以让自己的“病毒性”社交币发挥最大价值。

病毒式传播科学家乔纳·伯杰在他的《疯传：你的产品、思想、行为像病毒一样入侵》一书中说：是什么让内容疯传可能并不重要，但一旦引起目标受众的共鸣，就很有可能成功。记住，新奇独特、刺激有趣、引起共鸣，是“病毒性”社交币的核心所在。

“展示性”社交币：怎样“晒”出巨大价值与无穷能量

低头刷手机、抬头看电脑的时代，我们看到最多的就是各种晒：朋友圈里有人晒风景、晒美食、晒“鸡汤”……微博上有人晒美文、晒感悟、晒心得……就连微信“附近的人”上各种晒也是“琳琅满目”——签名、照片等，应有尽有。

我们不禁要问：大家为什么如此热衷于“晒”？

其实，“晒”也是一种社交行为，我们称之为“展示性”社交币。在生活中，我们每个人都有展示自己形象的需要，我们希望通过巧妙的展示让别人觉得自己睿智、有钱、聪明，或者丰富。晒风景，我们可能想要告诉别人，自己又出国旅游了；晒美食，我们可能想要向别人展示自己丰盛的晚餐……对于我们来说，这些信息是最直接的展示。

当然，还有一些间接性展示。例如在朋友圈里，有人转发最近美国机票涨价的信息。好奇怪，转发这种信息有什么用？动脑筋想一想你就会明白，他可能是想告诉别人，他是一个经常飞美国的人。

又如，朋友圈里经常会出现一些类似这样的信息，“如何识别人性中的聪明人”，里面写着三四种识别聪明人的方法。这类信息，往往会有很多人转发。为什么有人愿意转发这种信息？如果在朋友圈里看到这样的信息，看一下转发此信息的朋友，你会发现，里面肯定有一两条描述正好符合这个朋友的日常行为。他可能想借助这条信息，向别人展示自己是一个聪明人。

我们每个人都有展示自己形象的需要，但展示形象不能直接发朋友圈说："大家好，我是一个有身份的人，经常飞往美国。"或者说："我是一个聪明人。"这样说，未免会让人觉得自己有点神经。

那么，如何优雅大方又不失谦虚地向别人展示自己呢？我们上面所说的各种"晒"，以及那些间接性的展示，都是较好的方法。这是"展示性"社交币，它总能悄悄地帮助我们展示自己的形象。

现在，我们已经知道什么是"展示性"社交币了。在社交网络中，我们利用"展示性"社交币展示自己，别人也在利用"展示性"社交币展示自己。这便会出现一种传播——假如我们创造的信息能让很多人觉得可以以此展示自己，那么这些信息岂非价值很大？确实如此！**如果运用得当，"展示性"社交信息会是一种能量无穷、价值巨大的社交币。**

2016年初，朋友圈里开始刮起一阵"晒结婚证"风。结婚晒证，本来没什么好奇怪的，可问题是，很多原本前两天还单着的人，突然间也都开始晒起结婚证来。这是怎么回事？难道"闪婚"已经蔚然成风？自然不是。这是一款H5创意案例，商家抓住情人节"单身狗"容易"受伤"的心理，给了他们一个"晒"的机会。没女（男）朋友不要紧，没结婚也没啥，自动生成一个"结婚证"，在朋友圈里秀秀恩爱也不错。

这个H5创意案例火了，原因是它给单身狗们提供了一个展示自己的机会。展示什么呢？那张结婚证自动生成器生成的"结婚证"虽然是假的，但发在朋友圈里却可以为单身狗们代言：我想结婚了。

这个H5创意案例之所以能够迅速传播，就是因为它成功地展示出大多数"单身狗"的心理。这就是"展示性"社交币的奇妙所在，当我们创作的信息内容能够成功地展示出某个群体想要却又难以表达的东西时，这样的信息就能迅速传播。

有些人转发我们创作的内容，可能并不是真正支持我们，或者说并不是我们的粉丝，他们只是借用我们的内容塑造自己的形象。没关系！我们要做的，就是把想要传播的信息融入这些能让别人借用的内容之中，让他们来传播。

例如，在朋友圈里，很多人没有加自己妈妈的微信，却喜欢在母亲节不断分享有关母亲节的信息。原因很简单，爱可以帮助他们展示自己的形象，转发可以让别人知道他们是关心母亲的人，所以即使母亲从来看不到这个，也还是要转发。这也是为什么一到母亲节或父亲节，很多公司的市场部都要做一些活动的原因。活动做好了，自然转者如云，这将能起到很好的传播效果。

还有些时候，我们想要做一些炫耀性的展示。例如，一个美女想要发朋友圈展示自己迷人的小腹。可是，这个要怎样展示？直接发照片亮出小腹？那岂非成了赤裸裸的炫耀？这多不好意思！别着急，办法有很多。这不，有公司很快设计出了一个反手摸肚脐的活动，宣称如果谁能反手摸到肚脐，那就说明她或他有一副好身材。

对于那些想展示自己迷人小腹的美女来说，这绝对是一个机会，而且是一个别人无法诟病的好机会。有人问起，她可以大方地告诉别人，自己是受邀请参加这个活动，拍照也是为了参加活动而拍照，不是为了展示自己的身材。在这种情况下，很多人终于为自己展示身材的行为找到了一个合理的理由，于是大量转发就出现了。

如果留心，我们会发现，很多俊男美女朋友圈晒照片，从来不会直接晒，而是借助一些活动展示自己的形象。这样既能避免很多不必要的麻烦，又达到了展示自己形象的目的，可谓一举数得。这些活动就是“展示性”社交币，它的价值不容小觑。**合理有效地利用“展示性”社交币，我们往往能收获巨大的传播效果。**

如果我们创作的信息内容能够让人在朋友圈含蓄地晒胸却不会遭人白眼、优雅地晒小腹却不会被人耻笑、尽情地晒舞姿却不会被人嘲笑，那么这些信息就是价值巨大的“展示性”社交币。在“展示性”社交币之后，往往紧跟着波涛汹涌的传播潮流。

“表述性”社交币：“私密信”令很多难题迎刃而解

很多时候，我们总想说服别人，以证明自己是对的。例如在家里，父母想要说服叛逆的孩子，让其明白依照家长安排才是最正确的选择；孩子也想要说服父母，让他们明白自己有自己的选择。又如，在公司里，领导想要告诉下属，他写的报告不走心、不接地气，完全过不了关；下属也想要告诉领导，他对自己的指导才是不走心、不接地气，完全过不了关。无论父母和孩子，还是领导和下属，他们都想说服对方，让对方认同自己的想法。

但是，大多时候这种愿望并不容易实现。父母坚持自己的想法；孩子认为父母不理解自己。领导认为下属工作不用心；下属觉得领导指导不够……在这种情形下，双方虽然有交流，但说了等于没说。这怎么办呢？

这个时候就要用到“表述性”社交币了。所谓“表述性”社交币，即想办法表述自己的想法，并以此去说服别人，证明自己是对的。我们再回到上面的例子，仔细想想父母和孩子、领导和下属，他们应该怎样用“表述性”社交币向对方表述自己的想法。

假如他们使用了“表述性”社交币，我们在朋友圈里或许可以找到。父母的朋友圈里可能会有这样的内容：“怎样做一个听话的孩子”、“父母想对孩子说的话”等，他们会认为此类文章能让孩子明白自己的良苦用心，所以转发。孩子的朋友圈里可能会有另外一类文章：“请给我信心”、“我长大了”

等，他们认为这些文章中有自己心里的声音。

老板的朋友圈里有什么呢？他们可能会经常转发一些如“全力完成任务才是好员工”、“细节决定成败”、“员工最让老板感动的八个细节”之类文章，因为这些文章说出了他们既想表达又不好意思直接对员工说的话，转发到朋友圈员工就能看到。而员工的朋友圈可能会是另外一番光景：“70%的优秀员工都被中层管理者逼走”、“过度加班会影响工作效率”、“如何做一个关心员工的好老板”等。这类文章很能表达出员工们的想法，他们当然会希望老板能看到。

我们可以把“表述性”社交币看成是贴好邮票的私密信，可以随时将其邮寄到任何一个我们想让它到达的地方。不用亲自开口，它就能代替我们传递声音。

善于运用“表述性”社交币传递声音，很多难题将会迎刃而解。我们来看一看下面这两个案例。

一、夏天到了，由于没有午休时间，办公室里的人经常昏昏欲睡。于是，大家私下商量，想要向老板提一提意见，争取一个合理的午休时间。可是，这件事怎么跟老板提呢？直接对老板说，为了提高下午工作效率，我们中午想休息一会儿。这好像很难说得出口，而且说出来老板也未必会同意。

怎么办呢？大家讨论再三，决定策划一个“让我午休”活动，通过朋友圈转发来间接对话老板。果然，这个以“员工精神不好导致工作频频出错”为主题的“让我午休”活动成功引起了老板的注意，办公室员工也如愿地拿到了午休时间。

二、陌陌曾发过一组非常有名的文案策划，内容是“就这样活着，不要追求改变，一成不变最好，就这样最好；不要冒险，不要探索新世界，就这样活着”。这组文案火了，大量用户转发，一时间陌陌风头无两。

为什么大量用户会转发这样的文案？它能帮助用户表述什么？其实，这则文案的成功之处就在于，它能帮助用户代言，使他们摆脱一种尴尬局面。

众所周知，陌陌是一款基于地理位置的移动交通工具，用户可以通过其认识周围任意范围内的陌生人。简单来说，陌陌其实是一款聊天交友软件。可是，很多陌陌用户不愿意承认这一点，觉得这很俗。那怎么向别人解释自己手机里装有陌陌APP这一事实呢？陌陌洞悉用户这一心理，及时创造出这样一组文案，让用户可以对外宣称：我用陌陌不是为了聊天交友，而是为了改变与冒险，为了探索新世界，为了尝试新生活。瞧，这理由多高大上，逼格一下子就上来了，而这正是陌陌用户所需要的，转发量自然很大。

在这两个案例中，文案内容帮助用户说出了他们想说却难以说出来的话，又符合大量用户需求而广为传播，可以说像金钱一样有价值。所以我们说，在社交媒体爆棚的今天，“表述性”社交币拥有无可比拟的传播价值。

既然“表述性”社交币蕴含着巨大的传播能量，我们自然要高效地利用起来。怎样创作“表述性”社交币来实现有价值的传播呢？这是我们接下来要讨论的问题。

“表述性”社交币的重点是能够巧妙地替用户表述想法。所以，我们在创作信息内容的时候，一定要去分析用户的需求。我们要不停地问自己，他们到底想表达什么？我们创作的信息到底能不能帮得上他们？

这样想的时候，我们除了要考虑他们日常生活中想要表达的东西，还要去想他们到底有哪些表达障碍。通常来说，这些表达障碍是他们最头痛的事。如果我们能够帮助他们巧妙地通过障碍，就将很容易得到他们的认可和转发。

例如，我们都有发朋友圈的习惯，每隔几天总要发发朋友圈刷一下存在感。可是某一天，我们想发朋友圈了，却忽然发现，自己没有东西可发。发张照片吗？那些无聊的照片发出来也没意思。写一段文字发吗？如果写不好，那多不符合自己的形象。思前想后，我们最后还是发现，真没什么东西可发。

分析一下：这个时候，我们想到他们需要表达什么了吗？是的，展示自己。他们需要刷存在感，在朋友圈里展现自己出彩的一面。那么，他们的表达障碍是什么呢？没有素材可发，同时又怕勉强找到的素材不能展现自己的形象。

我们一旦把这些弄清楚，接下来就好办了。我们可以策划一些活动，让他们“有料”可发；或者像锤子科技搞海报、自己做海报生成器一样，让他们可以自己模仿海报发内容。如此一来，他们既能高逼格地展示自己，又不用费尽心思到处找素材，当然会乐于接受，然后很主动地转发。

“比较性”社交币：激发用户好胜心，用户就主动为你推广

对于下列情况，我们一定不会陌生：

小时候，看到隔壁小孩有一个漂亮玩具，我回家对爸爸说想要一个更漂亮的玩具；

中学时，同桌成绩很优秀，我暗下决心，下次考试一定要超过他；

大学时，大多数同学都在用苹果6，我四处打零工做兼职赚钱，打算也买一台。

……

从这些，你看到了什么？很容易看到它们背后隐藏着的共同的两个字：比较。是的，人与人之间有相互比较的需求，而比较之后，我们才能确定自己的位置。小朋友为什么想要更漂亮的玩具，中学生为什么想要成绩超过同桌，大学生为什么四处打工赚钱买苹果6？这些行为全都源于和“他”比较的结果。大多数时候，比较不是坏事，它能使我们更有动力。而在社交活动中，人们习惯比较的社会行为，带来了“比较性”社交币。

通过一个例子，我们先来了解一下什么是“比较性”社交币。前一段时间，“微信运动”几乎牢牢霸占了我们的朋友圈。很多朋友戴着智能手环跑步，时不时地展示自己的“步行记录”，有些人甚至为了冲榜而格外努力。这周没有在朋友圈排到好名次？没关系！下周继续“微信运动”，争取排一个好

名次。这种比较的社会行为，不仅勾起了大家的兴趣，更带来了继续参与的动力，一时间参与人群迅速扩散。

其实，这个“微信运动”就是通过人与人之间的“比较”带来了社交价值。**所谓“比较性”社交币，就是利用人与人之间的比较的心理，加速信息的传播和流通，带来相应的传播价值。**简单来说，如果我们能够想办法促进人与人之间的比较，那么他们就可能会参加我们的活动，可能会积极阅读或转发我们的信息。如果我们在信息中加入一些活动，给用户设置最佳体验，那么他们可能就会疯狂地使用我们的产品。

媒体上曾报道，有一个50多岁的大妈参加了“微信运动”后，在微信好友中总是排名第一。这很奇怪，一位50多岁的大妈，怎么可能打败很多年轻人，排名第一呢？后来，记者对此事进行了调查，发现大妈为了朋友圈排名更高，直接把自己的智能手环系在小狗身上，这就是大妈排名“第一”的奥秘。这说明了什么呢？让用户比较，给他们设置最佳体验，真的能让他们疯狂起来，而疯狂则会加速传播，创造价值。

因此，如果我们想利用人们的“比较性”社交行为传播信息，带来价值，就一定要想方设法让用户之间形成对比竞争。我们要明白，这种竞争是人与人之间本来就需要的，我们只不过给他们提供了一种便利化的竞争方式，让他们自然而然地参加活动。这就好比用户想要选秀比美，我们不仅免费提供舞台，还免费召集参赛者和观众，这样肯定会令应者如云。而这正是我们想要的。

很多商家都懂得巧妙地利用“比较性”社交币来创造价值。

支付宝曾策划过一个10周年活动。用户更新最新版支付宝，会发现上面可以显示自己在过去10年中一共花去了多少钱，收入是多少钱。这个收入支出明细还可以发在朋友圈里，形成对比。很多用户原本不想转发朋友圈，但却禁不住好奇心的诱惑，想知道自己在朋友圈里排多少名，于是也参加了。当然，他们还不仅自己参加，为了看看朋友的排名，他们也会邀请朋友共同参与。于是，这个活动再次成功宣传推广了支付宝。

美国某航空公司推出过一个活动，声称旅客乘飞机累计飞行10万公里，可以兑换免费机票。对于一些经常乘坐飞机出行的人来说，这个活动可是实打实的优惠，因此很多人报名参与。可是一段时间后，大家却发现，兑换免费机票的旅客并没有预期中那么多。甚至，很多旅客积累的里程数完全可以兑换免费机票，但最后却没有兑换。

这是为什么呢？原来，这家航空公司推出的这个活动，除了可以让旅客免费兑换机票外，还可以让他们在朋友圈里相互竞争。有些旅客明明已经飞了15万公里，却不想兑换免费机票，因为兑换一张机票后飞机里程就要下降到5万公里，而朋友圈里朋友晒出的飞行里程是12万公里。他们想要跟别人对比，这种比较欲望甚至超过了金钱的诱惑。因为巧妙地利用了"比较性"社会心理，这家航空公司不仅通过活动吸引了大量的客户来参与，省去了一大笔广告费用，还省去了不少"免费机票"的费用，一举数得。可见，"比较性"社交币能够带来极大的经济价值。

善于把握人们惯于比较的社会心理，是我们创造"比较性"社交币的关键。例如，有媒体曾报道，情人节是一种"社会比较性"的节日，这个节日里很多情侣会受到比较的"煽动"而分手。原因很多，或者因为这一天你没有陪伴你的伴侣，而她正好和她单身的朋友在一起，一比较忽然觉得单身很好，所以最终与你分手；或者你送给你的伴侣一束玫瑰，而她的好友却收到了一颗钻戒，比较之下觉得你并没有真心付出，因此分手……

我们想要说的是，**人的比较社会心理往往蕴含着巨大的能量，这从"比较分手"中就可以看出，如果能够驾驭这种比较心理，那么我们创造出的"比较性"社交币，将能带来多大的传播价值啊！**

"比较性"社交币是创造内容帮助用户满足社交过程中的比较心理。这就好比我们在朋友圈里给用户的某种行为搭建了颁奖台，你第一，他第二，她第三。在这里，"比较性"社交币给用户带来了一种心理上的满足感，这种满足感是金钱难以衡量的。当然，在这种满足感的驱动下，我们什么也不用说，用户自然而然就会分享传播。

“爆炸性”社交币：信息传播世界里当之无愧的王者

第一次听到“爆炸性”社交币这个概念的人，可能无法一下子理解它的意思——什么是“爆炸性”呢？

“爆炸性”新闻我们一定听说过。所谓“爆炸性”新闻，即传播后会引起极大轰动的信息。**既然社交活动中产生的价值是社交币，那么“爆炸性”信息引发的社交活动所产生的价值，就是“爆炸性”社交币。**

“爆炸性”社交币的发起者是“爆炸性”信息，我们来看一则由“爆炸性”信息引发的社交活动。

2015年8月12日午夜，位于天津市滨海新区天津港的瑞海公司危险品仓库发生火灾爆炸事故。事故发生后，各种与大爆炸相关的信息开始在网络上快速传播。网民们不仅在第一时间报道了此事，更是通过智能手机记录下了关键一刻。通过微信和微博，天空突现蘑菇云、窗户被震碎、汽车被烧毁等现场情形，全都一览无余地出现在公众视野中。相比之下，电视台、报纸等传统媒体介入的速度就慢多了，反应最迅速的几家媒体在13日凌晨才开始报道此事件。

在这次爆炸事件中，微信、微博成为传播的主力。新浪微博检测显示，“天津爆炸”相关结果达到200.94多万条。新媒体指数搜索相关微信文章显示，“天津爆炸”相关文章超过4.11万篇，总阅读量超过1.17亿。

看到这些数据，你一定会惊讶于“爆炸性”信息惊人的传播效果，而这也正是我们想要表达的——**在信息传播世界里，“爆炸性”信息是当之无愧的王者。**“爆炸性”信息的特殊之处在于，它能够利用信息本身所具有的独特、刺激、意外、震惊等因素，让受众产生强烈的分享欲望，从而产生爆炸般的扩散蔓延。

例如，在“天津爆炸事件”这场突如其来的灾难中，震惊、祈祷、悲伤等情绪强烈地刺激着所有受众，同时迫使他们急于向外界传递自己的情绪、分享自己的心情。人同此心，于是这件事能在微信、微博上快速、广泛传播也就不难理解了。

我们说过，分享转发其实和吃饭睡觉一样，本身就是人的天性，是不需要金钱和鼓励就会自动去做的事情。“爆炸性”社交币不但能让人主动分享，还会让人产生强烈的分享欲望。如果说其他类型的社交币是香醇美酒，那么“爆炸性”社交币就是窖藏多年的珍品，其独特的属性往往能够产生极深极广的影响。

毫无疑问，在信息时代，“爆炸性”社交币的社交价值极高，也就是非常“值钱”。既然如此，那么我们如何去创造“爆炸性”社交币呢？其创造的关键点在哪里？

想要创造出“爆炸性”社交币，我们就必须学会寻找信息的“爆炸点”。也就是说，我们要懂得在信息中加入一些“火药”，让产生的社交币能够刺激到人们的神经，从而产生信息爆炸。

我们再来看一个例子：

2015年9月，徐峥执导的电影《港囧》在全国上映后，成功突破15亿票房，成为国内影史票房最高的2D电影。不论影片整个口碑如何，但从商业模式上来看，这部电影相当成功。同其他大片一样，《港囧》上映之前，各类宣传也是铺天盖地。这使得电影还未上映，相当大一部分观众已经跃跃欲“观”了。很多赞助商借助这个机会，趁机展开品牌宣传，欲使产品在热潮中脱颖而出。

其中，《港囧》专用的vivo智能手机也借助这个机会，巧妙地策划了一场与众不同的“爆炸性”营销。

电影上映前一天，一则“徐峥失联，港囧寻人”的消息在朋友圈掀起热潮。点开这则消息，我们会发现，这其实是vivo联合《港囧》片方推出的H5应用，以徐峥真实出演的失踪视频为引子，以vivo手机作为线索，引导参与者一步步找到徐峥，最终赢得丰厚的奖励。

其实，这是《港囧》上映宣传的前奏，它成功地打造了一场声势浩大的“上映仪式”。另外，vivo智能手机利用《港囧》这个热点，成功地导演了一场生动的“爆炸性”营销。《港囧》要上映了，徐峥哪儿去了？这让众多网友产生了好奇、兴趣，于是纷纷点击，进而产生了爆炸式连锁反应。《港囧》火了，vivo智能手机也火了一把。据统计，这则广告中午上线，当天的UV就达到40多万，“爆炸力”相当惊人。

vivo智能手机的高明之处还不止于此，它很会利用热点创造出高价值的社交币。例如，继“徐峥失联”H5后，vivo智能手机看准《港囧》热映这个引爆点，再次迅速出手，发动全民找徐峥第二波。《好机友徐峥，你在哪儿》H5中，以徐峥新作《太阳系囧》为噱头，包装了一个在192个光头包贝尔中找出徐峥的经典游戏。更绝的是，这款游戏把新品X5Pro的特色部件，巧妙设计成找到徐峥的通关奖励，集齐所有部件就能找到徐峥。

在《港囧》热映的余温下，网友正沉浸在徐峥带来快乐故事里，忽然去玩“寻找徐峥”已经很过瘾了，而且游戏还非常有趣，那么他们谁会在乎这是不是一个广告呢？毋庸置疑，vivo智能手机再次获得了成功。

美国《华尔街日报》资深撰稿人布隆代尔曾经说过，最适合登在报纸上的新闻就是《我在FBI工作时如何通过与狗熊发生关系而找到了上帝》，这类新闻是最容易引起兴趣、成为谈资的新闻。之所以会被人们阅读、谈论、传播，是因为它与人们日常所见所闻的现象不同，独特的现象能够提供谈资、刺激视听、引发传播欲望。

那么“爆炸性”社交币呢？假如我们想把上述新闻打造成“爆炸性”社交币，那么其标题可能会是《美国总统在白宫工作时如何通过与狗熊发生关系而找到了上帝》。多装一些“火药”，也就是多加入一些“引爆”元素，我们就能创造出“爆炸性”社交币，并用其产生极大的价值。

“热点性”社交币：来得快去得也快的全民传播

每天都有热点，热点带来话题，热点带来关注，热点带来社交币。

热点有一定的必然性。高考时节，有关高考的一切都是热点；奥运期间，每个运动员的表情都可能是头条；黄金周期间，旅游和相关讯息随之大热；双十一快到了，买什么、怎么买又成了焦点。简言之，**一切有大量人群关注的信息都可以称之为热点，与之相关的网络社交行为所产生的影响力，就是“热点性”社交币。**

“热点性”社交币和“话题性”社交币的区别是什么呢？热点是一时的，它的时效很短，很快就会被新的热点覆盖。想要利用热点，必须手快脚快反应快，迅速推出吸引人的段子或广告，迅速吸粉。这是每一个深谙网络之道的社交币持有者都具备的常识。

2016年下半年的头等大事无疑是巴西里约奥运会，这个大热点无疑是人们挖掘社交币的好机会：

比赛还没开始，各种话题就已经展开，“安全第一，比赛第二”首先占据人们的注意力，人们不得不为健儿们的衣食住行操心；击剑队的颜值堪称偶像剧级别；番茄炒蛋的服装又一次让人们大呼“没新意”；对金牌数的猜测已经开始……

在众多热点中，拔得热点头筹的“个人选手”是央视著名主持人白岩松。他在开幕式解说时吐槽中国队队服，吐槽索马里海盗，吐槽里约不安全……俨然由严肃的主持人变成了段子手。而这也让他的个人形象得到了质的提升。

运动员们不但在赛场上展现实力，还在社交网络上全方位展示自己的其他方面。有人“晒”自己的好身材，有人展现逗乐的个性，有人“晒”出与赛场上截然不同的美照，有人干脆开了直播。不论输还是赢，粉丝们的目光都已被牢牢吸引。

段子手和P图高手们自然不会放过这个机会，于是一套接一套的表情包迅速出炉，一张接一张配上了文字的图片引起了疯转。傅园慧的魔性表情独树一帜，“张氏冷漠”系列引起了一阵阵赞叹，福原爱的哭泣表情我见犹怜。各种对比图、切心图说明奥运不但是比赛，更是一场全民狂欢。

热点带有深度挖掘的特性，围绕热点展开的各种议论，都能轻易成为新的热点。退役的刘翔重新在文章、图片和视频中回到了人们的视线，人们能够客观地看待这位优秀的运动员，并为此贡献点击和评论。

关于主办国巴西的一切都在升温，事故不断的奥运村引发了疯狂的吐槽，巴西的美景和美食则被有心的博主们好好地介绍了一番，也有人借机分析巴西经济衰退的原因，巴西模特的身材也是议论的重点。

每一轮比赛都引起新的高潮，新赛制几乎引发全民心脏病发，所有人都在为结果捏一把汗；为运动员加油点赞成了日常任务；也有人发言不慎引发了骂战，同样上了热搜榜。

奥运相关话题的热度“高烧”不退，就连蚊帐也能成为热点。中国运动员的蚊帐引起了其他国家运动员的羡慕，消息传回国内，网友们纷纷赞美中国人的智慧，晒自己的蚊帐，淘宝商家们马上推出“奥运同款蚊帐”，一切都快得让人来不及眨眼……

任何人都可以参与热点议论，你的参与就是社交币增值的开始。如果你发布的话题有见地，你的作品让人觉得有趣，你能够发起一个全新的话题，那么你的名气就会随之增加，你会因为一次大规模转发而得到数位粉丝的关注。**这就是“热点性”社交币的特点：人人可以参与，人人可以持有。**

任何热点新闻都可能引发这一现象。不过，“热点性”社交币有一个缺点——随着热点过去，有关热点的议论也会变冷，倘若你一直唠叨已经过去的热点，粉丝们就会觉得你在吃老本。

尽管任何人都可以得到“热点性”社交币，但这种社交币保值性最差，最容易流失。而且，得到它的机会也转瞬即逝。所以，当热点发生，我们一定要尽快参与，趁热打铁，充分收获“热点性”社交币的价值。

社交币三原则：社交币的根本是有价值的内容

现在，让我们总结一下社交币的三大原则。

原则一：传播决定价值

在互联网环境里，价值观念发生了巨大的变化，除了某些传统价值外，互联网上的观点、作品、形象、商品都要接受流通限制，能够顺利传播的那一部分，才能产生影响、实现价值；未能形成传播规模的部分，会在信息大潮里迅速消失、被人遗忘。

传播既要有广度，又要有速度，最好还能有深度。广度决定信息能被多少人接收，速度决定信息能否占据传播高峰，深度决定信息生命的长度，三者的基础都在于信息能否顺利传播。不关注互联网传播媒介的人，只能实现小范围共鸣；善于利用互联网传播的人，才能达到最好的宣传效果，得到大量的社交币。

原则二：我们不只是社交币的获取者，还是社交币的提供者

社交币的价值在于流通，自愿分享是最常见的流通手段，分享可以策划，无法强制，分享规模由分享内容和粉丝规模决定。这就意味着想要得到更多的社交币，就必须注重分享信息的内容，以内容取胜。

在网络社交中，关注的本质是什么？自己是否能在分享行为中获得社交币。你提供最有内容的社交币，让分享的人能够乐于分享并从中得到关注，这就是社交币的运行规则。换言之，谁能提供最有内容的社交币，谁就能迅速成为分享的焦点，促进更大规模的传播。把自己当成“社交币提供者”，能够提高自身形象和社交币价值，是比“社交币获得者”更高明的定位。

原则三：若不能参与，则社交币无实际意义

社交币在流通中才有价值，流通由用户参与决定。能否激起他人的参与、互动的兴趣，是流通的关键。网络时代，人人想要参与，人人期待分享，社交币倘若缺乏参与性，不能满足他人的期待值，就会失去价值。

社交币是一种外向型资产，它要求持有者具备外向思维，也就是互联网思维，积极策划、展示、宣传、推动信息的流通，它的内在诉求则是资源互补和资源交易。社交币交流是一种双向交换，要求我们本身积极参与，并唤起其他人的参与兴趣。没有参与，社交币体系就会崩溃，社交币再也没有意义。

在本章里，我们详细介绍了7种社交币，这些社交币价值不一，但其根本只有一点：**有价值的内容。**普通人增加社交币的办法不外乎参与话题、参与比较、发表意见、回应热点；想要增加社交币，就要设计内容、不断互动、展现才华、适当营销；想要社交币爆炸式增加，则要制造病毒性话题，或者有惊艳的内容表现……社交币思维看似复杂，实际操作并不困难，每个人都可以拿着手机亲身实践。

需要注意的是，你必须接受一整套新思维，包括尊重时代和技术的互联网思维，遵守包容和多样的网络社交规则，学会在海量信息中甄别有效有用的信息，打通线上线下交际圈，关注自己的社交形象，打造个人口碑，学习并利用社交币常识……这是一种思维颠覆，是一场生活变革，是一次个人挑战。

新时代，新想法，新做法。作为一种新型资产，社交币将显示越发重要的作用，将成为个人资产的重要组成部分，它的无形价值不可估量。

想要持有社交币，就要了解社交币的价值，掌握社交币的流通规律，避免社交币的贬值风险，之后才能发挥社交币的真正价值。

掌握原则，重视类别，遵守规律，开发创意，重视营销，你就一定能成为一个社交币的投资高手！

PART Ⅱ

社交币的核心价值

流通！流通！流通！

认识社交币，从分类开始；获取社交币，从流通开始。社交币的核心价值是流通，没有流通，就没有关注、没有影响、没有粉丝、没有后续发展。要使社交币能够发挥其应有的作用，必须将它推进流通轨道，通过大规模传播来获得影响力。没有流通的社交币和空气一样没有价值，掌握流通方法，才能使社交币获得生命力。

流通需要什么？一平台、二内容、三个性、四策划，起决定作用的是社交币的内容。价值带来传播，传播扩散价值。在互联网时代，每个人都可以成为一个出色的传播者，盘活手中的社交币，就能让自己的价值再上一个台阶。

多元、迅速的传播，带来无可估量的价值

近年来，互联网出现了真正的信息传播平民化浪潮。在这个“全民皆播”的时代，以微信、微博、博客、播客甚至个人电子杂志为代表的自媒体，正扮演着越来越重要的传播角色。自媒体携带着庞大的信息量，正悄无声息地演变成一种社会时尚，悄悄释放着平民大众斑斓的人性。

自媒体最大的特点是平民化，即每个人都能成为传播的主角。美国著名硅谷IT专栏作家丹·吉尔默给自己的专著《自媒体》起了“**草根新闻，源于大众，为了大众**”的副标题，一针见血地道出了自媒体平民化的最根本特点。在自媒体世界里，我们每个人都可以从“旁观者”转变成“当事人”，每个人都可以拥有一份自己的“网络报纸”，在上面“想写就写”、“想说就说”。当然，我们在自媒体上畅所欲言、尽情表达观点的同时，也在努力构建自己的社交网络。

平民化的自媒体，给了我们“想说就说”的平台，同时也带来了信息的快速传播和蔓延。在自媒体世界里，由于所有人都可以拥有话语权，再加上网络传播的便捷与高效，因此大量的新闻、故事、新鲜事被迅速地传递与传播。于是，一个丰富、生动、开放、全面、多元的精彩世界，以近乎透明的方式，快速出现在我们所有人面前。**多元、迅速的传播，是自媒体最大的特点，而这个特点能带来无可估量的价值。**

是的，传播带来了价值。加拿大著名传播学家麦克卢汉在《理解媒介》一

书中说："媒介即资讯。"在人们的理解中，媒介只不过是传播工具，而在麦克卢汉的理论中，媒介即是资讯。传播的目的是为了创造价值——新闻价值、品牌价值、文化价值，有价值的传播才算是活着的传播。

在自媒体世界里，我们更容易看到传播的价值。微博、朋友圈一经转发，各种信息、舆论就从四面八方而来。这就好比大街上发生了一件热闹事，只要消息传播得快，看热闹的人肯定就会越来越多。

传播价值究竟体现在什么地方呢？如果是宣传品牌，或是推销商品，或是展示个人等，这些消息传播范围越广、速度越快，那么我们想要"推"出去的东西就会被越多人知道，这就是价值。

当然，在信息时代，传播的价值不能够简单地以有多少客户会买东西来进行衡量，它还体现在很多方面。宏观方面包括品牌扩大、口碑宣传、文化弘扬等；微观方面包括点击率、广告植入等。总而言之，**信息传播能从很多方面带来价值，前提是我们的信息传播速度要快、传播范围要广。**

例如，前段时间，有个90后建筑工人频繁出现在网络上。这名被网友称为"搬砖小伟"的小伙，的确是一名建筑工人，但他凭借一身肌肉、魔鬼身材，以及高难度的健身动作，迅速在网上走红，并拥有越来越多的粉丝。然后，"搬砖小伟"在网络上拥有百万粉丝，而这个庞大的粉丝群体给他带来了不菲的收入：六七千块钱的工地收入，加上广告收入，他每个月可以赚到两万多块钱。

在上面的案例中，信息传播所体现出来的最直接的价值就是金钱，其实还有很多隐形的价值是无法用金钱来衡量的。例如，"搬砖小伟"的个人品牌、人气等，这些都是难以用金钱衡量的，但分量却挺重。在这个信息技术大爆炸的时代，信息传播带来的除了价值还是价值。

现在我们再回到社交币上来。前面我们所说的信息传播，其实就是社交币最根本的流通方式。就像人民币需要流通才能实现价值一样，社交币也需要通过流通才能够实现价值。只不过在今天，社交币流通的最大场所是社交网络，是自媒体。当然，这并不是说社交币在其他地方没有流通价值，价值依然是存在的。如我们和朋友聊天、同客户谈生意，都是需要用到社交币的，也都是要依靠社交币来帮助我们创造价值的。我们只是想说，因为在自媒体上无可比拟的流通性，社交币才实现了它的最大价值。或者说，**社交币的核心价值是信息流通**。

在自媒体时代，并非每个人都能成为社交币的创造者。为什么？道理很简单，有些人创造出来的信息内容，无法实现信息流通，这自然也就没有什么价值。假如我们把人民币一直锁在保险箱里，那它同白纸又有什么区别呢？就是这个道理。流通赋予社交币价值，而我们要想创作出高价值的社交币，就必须让它拥有传播的物质。

如果没有呢？让我们一起来看看这个案例：

某人在做微商，总是天天在朋友圈里发一些信息。可是，由于创作信息不得要领，他发的朋友圈几乎没有人愿意看，更没有人搭理他。可他还是不死心，每天继续坚持拍照、写鸡汤发到朋友圈里。就这样整整坚持了3个月，他终于有了回报——朋友圈里大部分人都把他给拉黑了。

显然，这个人做微商是非常失败的。我们来分析一下他失败的原因：信息内容创作不合格，无人阅读传播，货物自然也就卖不出去。重点在哪儿，我们找到了吗？信息内容创作不合格是因，无人阅读传播是果，而这个结果是他做微商失败的真正原因。

中国有句谚语说“酒香不怕巷子深”，用在这里也是很合适的。“酒香”为什么不怕“巷子深”，因为香味它能够自动传播啊！酒藏在巷子深处，酒香可以传播很远，所以外面的人能闻着酒香找到美酒。假如酒无香味，且又藏在巷子深处，那恐怕永远都无人问津了。传播的重要性，由此可见一斑。

在社交活动中，既然信息传播如此重要，那么我们要怎样做才能够让信息活起来并广为传播呢？原因无他，我们的信息内容要符合传播的条件，也就是说“酒”必须要香。

总结起来，我们想要“酿出好酒”，需要注意以下几点：用心去创作，不要盲目跟风，不要想着一味地刷存在感；打破传统思维，以新鲜手法包装信息；持续不断地输出精品；定位清晰，特色鲜明。

总之，想方设法让信息像病毒一样传播开来，我们的社交币才能实现最大的价值。

梅西在微博里发布的每个字，都是流动的社交币

如果你的名字出现在梅西的微博里，将会出现什么情况？梅西是阿根廷著名足球运动员，四届金球奖得主，曾力压队友苏亚雷斯和对手C罗，成为两次荣膺欧洲最佳球员的第一人，现效力于西班牙足球甲级联赛巴赛罗那足球俱乐部。

辉煌的战绩、非凡的球技、优雅的风度，令梅西成为世界上最优秀的足球运动员之一，赢得了无数粉丝的喜爱。在这里，我们不惊叹梅西的控球技巧有多么娴熟，也不议论他的低调性格有多么可爱，这些都不是重点。重点是什么呢？梅西很有名，很讨人喜欢，有很多粉丝。关注梅西的腾讯微博，我们就能发现，他在上面的粉丝数已经超过2000万——在自媒体时代，微博粉丝数量较多的公众人物是大V，梅西显然是个超级大V了。微博是一个开放式平台，每个用户都是信息传播中的一个环节，大V们显然是那些最耀眼的环节。

梅西的微博粉丝数量极多，这使得他微博中的每条信息都能像重大新闻一样四处扩散——想想看，超过两2000人收看信息，那将是怎样的一种传播效果呢？网络上曾有这样一种说法，用以形容微博粉丝惊人的传播效果：**粉丝超过1个，你（博主）就是自娱自乐；粉丝超过100个，你就是一本内刊；粉丝超过1000个，你就是个布告栏；粉丝超过1万个，你就是一本杂志；粉丝超过10万个，你就是一本都市报；粉丝超过100万个，你就是本地电视台；粉丝超过1000万个，你就是省级电视台；粉丝超过1亿个，你就是中央电视台。**换一种说法，

梅西的微博就相当于两个省级电视台。

如此，我们就能比较容易想象得出梅西微博惊人的影响范围了。

回到我们之前的假设——假如你的名字出现在梅西的微博里，将会出现什么情况？现在我们知道，假如某人的名字出现在梅西的微博里，就相当于在两家省级电视台同时播出，那将会产生极大的传播效应。

信息时代，最难得的就是关注度。根据某互联网数据中心的调查报告显示，约有一半微博用户会把名人列为自己的关注对象，梅西超过2000千万的粉丝也说明了这一点。假如有某个人的名字出现在梅西的微博信息内容里，那么这个名字将会在第一时间被庞大的粉丝群体知道，也就是被推广开来。换句话说，原本一个默默无闻的名字，可能瞬间就会变得家喻户晓。当然了，这只是一种情况，人们看到之后会不会产生兴趣甚至是记住，那又另当别论。我们想说的是，庞大微博粉丝群体将产生强悍的推广传播作用。

传播主体随时随地可以发布信息。一条信息发布后，其所有粉丝都能同时接收到，并可以一键转发到自己的微博里，形成再次传播。也就是说，当某个人的名字出现在梅西的微博信息里，除了梅西的粉丝可以看到，还有部分梅西粉丝的粉丝同样也可以看到，从而形成更大的传播范围。

我们一直在谈论社交币，知道社交币能帮助用户完成某种社交任务，也知道有价值的社交币能形成极大的传播范围。现在某个人的名字出现在梅西的微博信息里了，也就是说，从他出现的那一刻开始，就已经高高坐在“有价值的社交币”的宝座之上，让上千万人阅读甚至传播。这将带来巨大的价值。这些，从一些名人微博里出现了广告就可以看出。

例如，2014年时，娱乐节目《爸爸去哪儿》热播，明星张亮在节目中迅速蹿红。之后，他因面膜软广告引起争议，却也因此而收入20多万。一条微博最多也就100多字，却能带来几十万的进账，真可谓一字千金。

有微博营销公司坦言，明星们转发微博可以明码标价，一条微博几万到上百万不等，虽然价格昂贵，但效果却非常好。原因就是，**在明星们的微博平台上，那些广告以社交币的身份得到了传播扩散，同时也将带来价值。**

现在我们来回答最初的假设：当一个人的名字出现在梅西的微博信息内容里时，这个名字将会以社交币的身份被广泛流通和传播，而流通和传播就会带来价值。

互联网时代，地球已经变成了一个公共信息平台，以微博为代表的“自媒体”成为这个平台上的主流传播大军。在微博里只有两件事，关注与被关注，梅西被超过2000万粉丝关注，他发出的每一个字都可能会成为粉丝关注的焦点，而这些焦点无疑会成为流动的社交币。

让信息内容拥有无与伦比的魅力

社交币的核心价值是流通，流通的关键是魅力——无论是个人还是产品，都需要具备独特的“诱人”魅力。

为了更好地展现魅力，实现传播流通，社交币的制造者们往往绞尽脑汁，用光怪陆离的办法将信息涂抹得五颜六色。他们深深明白一个道理：**既然魅力女人更容易讨男人欢心，那么魅力信息也会更容易讨用户欢心。**

以朋友圈为例。通常，朋友圈里社交币的核心内容是文、图，以及视频和语音，其中文字是使用得最多的表现形式。因此，社交币的制造者们往往会下功夫把大量精力放在文字上，希望以此来展现自己的魅力。他们究竟是怎样做的呢？在制作、拟定文字部分的时候，他们往往会“语出惊人”，以达到引人注目的效果。

我们来看看那些语不惊人死不休的经典文字：

2015年元旦，杜蕾丝发声——“happy new year！”这是新年祝福没错，可它偏偏在这句话下面跟了音译——“嗨，陪妞一夜！”巧用音译，一语惊人，既打出了广告，又牢牢吸引了人们的眼球。

再来看看另一例杜蕾丝的惊人之语：2015年4月，一位女教师语出惊人，以一封辞职信红遍网络——世界那么大，我想去看看。杜蕾丝紧跟这句震撼人心的辞职信，以“世界别有洞天，我想去探探”，一语毁掉小清新，引起了广泛的传播。

我们姑且不去讨论以上文案所蕴藏的内在含义，只看字面，是不是足够吸引人呢？显然，的确是。社交币创制造者们在创造信息内容时，必须要吸引人，尤其是第一句话。这是取胜之道。**好的文字能让人眼前一亮、心头一震，阅读的欲望与好奇心都马上被勾了起来，于是阅读、流通的目的便能轻松达到。**

当然，这并不是说我们创作信息内容的时候，可以毫无原则、没有针对性地哗众取宠。我们在制造社交币时，其内容一定要建立在既能展现个人魅力又能对用户社交产生帮助上，否则就是华而不实。华而不实也许能激起他人一时的兴趣，但不会实现真正的流通。

对于社交币来说，无论是以文字出现的信息、以图片出现的信息、以视频音频出现的信息还是文图视音结合出现的信息，魅力都如同优秀歌曲开头的旋律，对于传播流通是最重要的一个环节。

现在，我们再来看一个例子，去深入体验那些散发着特殊韵味的信息魅力。

约翰·卡普斯是广告界的奇才，“广告教皇”奥格威曾称其为“最有效果的文案撰稿人之一”。我们知道，广告文案其实是社交币最常见的一种表现形式，所以约翰也可称为“社交币创造奇才”。他“奇”在什么地方呢？我们可以欣赏一下他25岁时写的一则广告文案——“当我在钢琴旁坐下开始演奏的时候，他们笑起来了”，这是20世纪最有名的广告之一。

广告文案全文如下：

当我坐到板凳上时，他们都在笑我，直到我开始弹起来。

“他真的会弹吗？”一个女孩低声细语。“当然不会了！”亚瑟大叫，“他从未弹过一个音符。”

亚瑟刚刚弹奏完《玫瑰园》，房间掌声四起。我断定这是我初次登场戏剧性的时刻。面对朋友们的迷惑，我自信地迈大步走到钢琴旁坐下。

“杰克又在耍他的诡计了。”有人窃笑，引起全堂哄笑。他们一致认为我连一个音符也无法弹奏。

我决定充分利用这次机会，装作很有尊严地拿出丝绸手帕，轻轻地擦去琴键上的灰尘，然后，我站了起来，把旋转的凳子突然转了四分之一角度，好像我要模仿帕德雷夫斯基一样。

“你们觉得他的表演技巧如何？”从后面传出一个声音。

“我们支持他！”人们回答，人群中爆发出哄笑声。

然后我开始演奏。

人们马上安静无声。嘲笑者的嘴唇好像中了魔法一样紧闭着。我演奏的第一首是贝多芬的《月光奏鸣曲》。我听到朋友们惊愕的喘气声。我的朋友屏住呼吸，像被咒语镇住了一般。

我继续演奏，当我弹奏时，我忘记了周围所有的人。我忘记了时间，忘记了空间，忘记了屏息无声的听众。我生活的世界似乎在褪色、在变暗，变得不真实了。只有音乐和幻象是真实的。幻象是美好的，她是多年前作曲者的灵感激发，随着和风吹拂着白云和散射的月光，不断变化。仿佛是作曲家贝多芬在与我对话，通过音乐这个媒介——不是通过词语，而是通过琴弦；不是通过语句，而是通过旋律！

完美的演出！

当最后一个音符消逝的时候，房间里突然响起了雷鸣般的掌声。我发现周围都是兴奋的表情，朋友们多么失常啊！他们和我握手，纷纷祝贺我，重重地拍我的后背，表示热情！每个人都在高兴地大叫，用疑惑的眼神向我寻求答案。“杰克，你为什么不告诉我们你钢琴弹得如此之好？”“你学多久了？”“谁教你的？”

“我从未见到我的老师，”我答复，“这是我不久之前刚学会的。”

“别开玩笑了，”亚瑟笑道，“你已经学习几年了，我敢肯定。”

“我只学了短短一段时间，”我坚持道，“我决定保留这个秘密，是因为我想让你们大吃一惊。”

然后我告诉了他们事情的来龙去脉。

“你们听说过美国音乐学院吗？”我问道。

几位朋友点了点头，“那是一所函授学校，是不是？”他们叫道。

“完全正确，”我答道，“通过函授，他们的速成法能够在短时间内教会你们任何一种音乐。”

可以肯定的是，看完这则文案——不，很多人认定这是个故事。就算是个故事吧，我们肯定记住了。

记住这个故事很有意思，记住美国音乐学院能教出优秀的钢琴家，这其实已经足够了。这其实真的是一则文案，是约翰在1920年为美国一所音乐学院所写的。它以无与伦比的魅力，在当时引起了广泛的轰动，传遍了美国的每一个角落。

还能说什么呢？在社交币的世界里，让信息内容更有魅力，才是真正的流通王道。

社交币思维：万科品牌的新价值

传统商人需要思考的首要问题是：如何卖出手中的商品。以香港首富李嘉诚为例，他选择的方法是不断创新，不断提高性价比。他的发迹起点是一家塑料厂，专门生产塑料花。为此，他专门去意大利学习塑料花生产技术，把最先进的生产观念带回香港，用他的产品占据了市场。

在互联网时代，商人思考的首要问题依然不变，他们仍然需要吸收最先进的理念，购买最先进的技术。此外，他们还必须学会利用互联网，利用社交币，以互联网思维搭建产品平台，以社交币观念营建产品社区，把流通代入到商品生产、贩卖和售后的每一个环节，以形成一个有机的整体。

这个整体蕴含着巨大的商机，它意味着商品不再是单一的，而是联合的；品牌不再是传统的，而是向“粉丝品牌”发展的；服务也不再是单线的，而是整套的。**谁能最先搭建这样的商品平台，谁就拥有了广阔的商机和巨大的舞台。**

在这方面，万科走在了前列。万科是一个传统型的房地产企业，在互联网经济来临时，经营者及时转换思维，适应时代的要求，将房产与配套服务挂钩，与阿里巴巴的服务平台签约，搭建网络客户端，使入住万科社区的居民享受到巨大的便利：他们足不出户，就可以下单享受餐饮服务。

此外，万科竭力打造社区生态系统，正在建设集商业、学校、医疗、养老于一身的大型现代化社区，这是一个巨大的框架，但万科总裁郁亮充满信心。

“万科如果能更好地吸收互联网的思想，将这一工具运用得更加自如，万科就能更加适应这个时代，把产品做得更好，万科的转型也就更加成功。”这是郁亮对万科未来的判断。

应用互联网技术，万科的宣传和服务越来越透明化、公开化、全面化，其中也包含了不可小觑的社交币思维。正是这种思维，打造了万科品牌的新价值。

万科重视互联网营销，管理者一改往日隐身幕后的习惯，走到台前与用户们实现互动。他们亲自通过微信、微博、QQ等工具倾听有效反馈，并利用互联网媒介宣传自己的品牌，与媒体合作展示自己的产品，树立口碑，定期组织活动，广泛宣传产品概念。

一家拥有密集社交币的网站，会有自己的传播渠道，会拥有极大的自主性和社交币风险承受能力，所以会好于那些把宣传活动外包给宣传公司的企业。

万科社区的形象已经根植在互联网中，这使得它的一举一动都带着话题性和流通性，于是它积累了大量用户，并不断推出互联网服务。如推出了方便业主旅游的“去哪儿”手机服务，居民们不但可以通过这一客户端制定自己的旅游行程，还可以通过它的拓展功能申报维修、投诉物业，对居民来说，这是一项关系到切身利益又带来方便的服务。

对万科来说，互联网营销和社交币积累意味着什么呢？

首先，意味着更多的业主。

大规模的网络营销带来了话题，带来了关注，带来了社交价值。于是，这份“万科社交币”逐渐形成了其固有的形象：互联网房产、联合化服务和人性化管理，从而打出了新时代房产的良好口碑。

当万科地产深入人心后，就会有更多人在买房时将万科开发的社区列为首选。那些暂时无力购房的人或者还没有购房需求的人，也成了万科地产的现实粉丝和潜在业主，万科越持续发展，这种口碑就会越发坚固。于是，不必大规模投入广告费，宣传也会持续发酵。

其次，意味着更多的消费。

不断开发社区内的餐饮、娱乐、服务项目，在让业主感受到方便的同时，也增加了社区的吸引力，促进了社区的繁荣，这就会吸引更多商家入驻，给居民带来更大的便利。社区消费额的增加，让更多商家看到了商机。不只实体经济在发展，更多网络商家也会重视万科的宣传效果，成为其合作对象。合作对象越多，社区服务（无论线上还是线下）就会越全面，居民就会越发宣传这个社区，于是，社交币的价值又会翻番。由此，万科地产主导了自己的商业的良性循环。

最后，意味着更多的合作。

口碑意味着价值，社交币意味着影响力，一家有巨大影响力的地产企业，将有机会启动更多的合作项目。商家们看中其自带的庞大客户群，愿意与之合作，万科本身也可以凭借其客户、其人脉、其资产，进军更多产业，走向多元经营。多元经营又会给品牌带来更多的关注、更广阔的前景。

对绝大多数企业和个人而言，想要抓住互联网这个机遇，必须实施变革，彻底改造旧式思维，用流通、合作、宣传、互动等观念打造自己的品牌。变革的道路必然困难重重，甚至遭遇一次次失败，但不变革只能抱残守缺。

人们常常感叹没有机遇，但其实，互联网就是每个人的机遇，了解它，参与它，利用它，你就能拥有广阔的平台、崭新的舞台。

互联网时代的常识：信息流通才有社交币

每一天，世界上究竟有多少人在上网？据不完全统计，全世界的网民数量至少有18.2亿人，分布在各个国家，超过任何一个国家的总人口。这个数字意味着巨大的市场和宣传效应。在中国大约有6.88亿网民，如果一个商家的广告能得到1%网民的重视，如果一个明星能成为1%网民的偶像，如果一个作品能在1%网民中流通——计算一下，那意味着什么？将近7000万的用户！即使这个比例再缩小，变为千分之一、万分之一，也是700万、70万，这庞大的数量足以给一个平台或一个人带来巨大的名声和实际的经济价值。所以，没有人会对如此巨大的需求量不闻不问的。

2015年，一个叫“并读新闻”的APP上线了。这是一款全新的新闻客户端，主要功能是新闻推送。短短三周时间，下载量超过60万次，这款软件以飞快的速度积累了数十万用户，并完成了品牌的推广。有如此佳绩，是因为APP特别好用？内容新颖？创意特殊？营销成功？其他的新闻类APP为什么没有达到这样的效果？

原因只有一个，这款APP宣扬了这样一个理念：读新闻就能够赚钱。

对广大网友来说，这绝对是一件新鲜事！过去，想要读新闻必须买报纸，报业集团的收入就来自发行和广告。后来，网络上新闻随处可见，纸媒衰落，各种网站上每天都在更新海量新闻，这些免费新闻很少能引起人们的注意。如今突然出了这样一款“看新闻赚钱”的APP，自然会让人忍不住想要一窥究竟：为什么发行方愿意出巨资让人读新闻？这究竟是怎么一回事？

原因其实不难理解。这款APP是由南方报业集团推出的，南方报业一直是传媒巨头，在纸媒领域有着举足轻重的地位，但这种地位正随着互联网的普及而动摇，甚至称得上岌岌可危。南方报业当然可以推出自己的APP，但对比门户网站的客户端，这种APP没有多少竞争力，人们手机上能够装载的应用程序有限，不会下载太多消息类APP，所以，为了扩大用户量，南方报业只能采用付费推广的方法。

这看似是个无奈之举，却也给集团带来了新的生机，随着APP下载人数的增加，南方报业拥有了超过几十万在线读者，只要这款APP真的能提高高效实用的新闻和深度评论，那么它的未来不可限量。它也许会改变人们快餐式的阅读习惯，让读者重新关注有质量、有深度的传统媒体报道。而且，这款APP还考虑了现代读者的喜好，推出了多种功能，使其更具有生命力。

连南方报业这样的大集团都无法经受互联网的冲击，需要采用“放血”的方法进行自救，何况普通企业和普通人呢？

我们已经习惯了有智能手机陪伴的生活，享受着各种网站和软件提供的便利，但大多数人还没有流通思维，还没有把自己的生活和社交币联系在一起，这实际上就已经比别人慢了一步。倘若继续忽视社交币的重要性，那你永远只能当一个用户、粉丝和消费者。

流通不仅仅是一种潮流，更是一种迫切的现实需要。每个想要推广自己的人，都需要以自身所持有的社交币参与网络流通。这种流通能够带来可观的利益：你能够向更多人展示自己，方便交友、合作或者就业；你获得了畅所欲言的空间，能与更多有想法的人进行交流，促进自身的成长；你还可以将人气转化为购买力，将社交币变现……

相反，如果你拒绝流通，你会发现生活渐渐不方便，你和周围的人话题越来越少，你的知识来源变得十分狭窄，你最终只能当一个默默无闻的角色，你认识的人永远局限在现实环境中，你得到的机会总比别人要少，你有许多才能无处去展示，许多见解无处发表……不是说现实生活中缺少平台，而是多数平台都已经转移到互联网上。

参与网络会给你的生活带来改变，**网络的最大意义就是打破闭塞和等级，**

让每一个网民都以平等自由的身份参与其中。它是一个大社会、一所大学校、一个大舞台，你可以在其中学习、展示、娱乐，表达你愿意表达的任何事情，包括正面和负面的情绪。当你的展示被人关注、你的表达引起共鸣，你就得到了有价值的社交币，开始参与网络流通。这种流通可能越来越快，你的名气也会随之大增，你得到了更多人的认同和喜爱，你的生活也将会产生大的变化。

变则通，通则久，变化带来流通，首先要变化的是你的思想。正视现状，积极参与网络社交，就是改变的开始。有些人带着茫然参与网络，随波逐流地跟着别人的步调，不知道自己究竟能做些什么。参与也要有选择性，每个平台都在绞尽脑汁吸引网民前来参与，送礼物，搞活动，大规模宣传，甚至像并读新闻这样宣布“送钱”。你应该选择的是那些自己感兴趣又契合自己特长的部分，作为自己的网络流通入口，这样的起点更能发挥你的价值。

在网络上同样有内向的人，带着“流通心理障碍”，放不开手脚，默默地看着别人的表演，自己却羞于展示。这种人应尽早抛弃这种心理，要想着网络是最适合的舞台，它为你戴上了一层保护面具，让你能够以另一种身份展示自我。或者把网络当作考验，让更多的人检验你是否具备才能，这样一来，你的分数你自己心里有数，这不也是一种进步吗?

还有人缺乏必要的流通技巧，表现为过分拘谨，不懂利用话题，不懂如何互动，这些事需要不断学习。不但要看别人怎么做，还要敢于自我尝试，直到摸索出适合自己的宣传路子。想要社交流通就要学会宣传，不要等待别人发现你，而是勇敢地展示自己、推销自己，争取获得更多的关注。

也有人上网的目的非常单一，每天不过是在网上玩一会儿游戏，或者逛一下购物网站，或者和朋友闲聊几句，这样的网民生活与社交币毫无关系，和去街上打游戏、逛商场、与同事吃个饭没有多大区别。

网络是一个功能齐备的工具，很多人只使用它最微不足道的部分。**要记住，它的精华在于流通，在于实现自己的价值，而不只是当一个娱乐软件或者支付工具。**

总之，流通是一种迫切的现实需求。信息要流通，商品要流通，社交币要流通，人也要流通。通过积极参与流通，每个人都可以成为网络社交红人。身处互联网时代的我们，与其看着别人在舞台上跳舞，不如自己也上去跳上几步，然后分享给6.88亿人，甚至是18.2亿人，说不定你还能收获巨量的社交币，进而形成可观的价值。这才是值得提倡的积极的人生。

参与，让每个人成为主角，获得大量社交币

当知乎网站的大幅广告出现在地铁站时，你大概不会觉得惊讶。知乎是继天涯、豆瓣等分享性网站之后，成为国内首屈一指的社区。专家、律师、记者、工程师、摄影师、医生、画家……各个行业的精英和新手们在网页上展示着自己的知识，问题五花八门，回答莫衷一是，从知识普及到理性辩论，这里有关于知识的一切。

知乎的成功又一次证明了流通的重要性。把知识放在脑子里，或者仅仅放在工作场合里，它只是知识和技能；把知识放到互联网上，放到有疑问的人的提问下面，它就成了表述、成了态度、成了话题。它所带来的关注和影响，就是你的社交币。**在这样的大型分享网站上，每个人都可以参与，每个人都是主角，每个人都可以获得大量的社交币——只要你有能力。**

参与决定了社交币的流通程度，流通范围越广，关注的人越多，社交币就越有价值。究竟是什么决定了人们愿意参与某件事？是报酬、爱好还是习惯？报酬性参与让人只看到酬劳，看不到参与内容；爱好性参与让人盯着爱好，容易形成小范围交流圈，而不是大规模传播；习惯性参与是一种心理惯性，只贡献点击率或转发率，没有自发的宣传性。只有存在感、价值感和成就感，才能

让人心甘情愿地加入传播，不断宣传。

就拿知乎网站来说，一个问题引起很多条回答，有些回答详细、客观，文字上也有修饰，毫无疑问，答案花费了答主很多的时间和精力，而这样的答案却是免费的。一个答主愿意免费贡献诸多有价值的答案，不求回报，为的就是展示自己的才学。从参与中获得价值感，这就是参与的原动力。

所以，想要加快社交币的流通，需要更多人参与，这种参与可能是静态的关注，也可能是动态的互动，后者可以引发更多的参与，当参与的基数增大，社交币的规模就会成倍增加。**如何引导人们参与，是每个社交币持有者都应该思考的问题。**

最简单的参与是签到，让打卡变成习惯。每一天的签到既贡献了点击率，又能顺便看到更新的内容，增加转发的概率。签到条上的红花代表着最简单的成就感，随之而来的徽章或头衔，又增加了签到者的社交币，让签到者更有存在感。

话题当然是参与指数最高的项目，抛出的话题要让人产生表达的欲望。和知乎齐名的豆瓣网，其小组模式就很成功，可以让人迅速找到志同道合的人，又能就自己关心或擅长的话题发表议论。

因为有共同兴趣，这种互动很容易碰撞出火花，扩大影响，让更多的人产生兴趣，也为网站积累了大量的粉丝。个人媒体只要善于发起话题，也能取得相同的效果。不必当话题主导者，而是当一个话题组织者，这是积累人气的秘诀。

为他人提供展示空间。社交币只有在流通中才能体现其价值，越多的人参与就有越大范围的流通。每个人都有展示自己的愿望，所以只要鼓励他们展示，并提供给他们展示的舞台，他们就会主动参与其中……最初的互联网论坛都靠这种平台参与取得了成功。个人也可以承担平台的责任，通过推荐、转发或授权发布的形式，欢迎他人参与。

低门槛的大众活动让大众参与成为可能。这是一个平民化时代，普通人能轻易找到舞台展示自己。例如，汉字书写大赛，成语大赛，一站到底的参与者大多是普通人；电台的选秀活动，目光也对准了有天赋却没有门路的普通人。网上活动更是如此，低门槛，甚至不设门槛，尽可能多地吸引参与者，同时提供奖励措施，让每个人都能看到机会。

竞赛类活动刺激人们的参与意识。搞一次比赛，让大家都来关注赛事、制作作品，本身就是一个热点话题。奖品就算不丰厚，名次也可以给人带来名誉和粉丝。竞赛类活动还能直接与赞助商、与广告相连，也是一种不错的宣传手段。

需要注意的是，网络参与无法强迫，只能自愿，主动权掌握在网民手中，平台只有不断提高自己的创意度、好感度和话题度，才有可能得到网民的重视。

“刺激网民的参与感”与“参与带来热度”相辅相成。不论是企业还是个人，只要将自己的形象投放到网上，就带有传媒性质，能否引起大规模流通，关键在于能否唤起更多人的参与兴趣。**把他人当作主角，考虑网民需要什么，才是提高参与感的关键**。

社交人格：你不可不知的社交常识

社交人格，指人们在网络活动中表现出来的基本价值倾向，它可能与实际人格相似，也可能出现背离。它反映了人们的内心诉求，也是人们在网络上的形象追求。获取社交币，则是社交人格出现的基本动力，人们渴望通过人格塑造展现自我，让流通成为可能，进而成为高价值社交币持有者。

社交人格主要有以下10种：

第一种：红人

他们渴望走红，所以高频率、大密度地展示自己的优点和特点，以吸引他人的注意。他们时刻关注自己的人气，并为此努力耕耘、孜孜不倦。想成为红人，你要有某种优势，并善于表现出来。你要高调，要包装，更要营销。具体参考诸位网络红人的成名经验。红人走红快，但多数却应了那句“花无百日红”，被人遗忘的速度也快。所以，想当红人，必须准备好走红后的道路，否则很难长红不衰。

第二种：达人

他们有出色的特长，有一定的成绩，希望发挥特长来宣传自己、帮助他人，他们的平台常常表现出一种专业上的单一性，重点明确，不会让人产生混乱感。因为目标专注，他们很容易得到某一方面的名气，但也限定了他们的发展道路。达人不一定能成为红人，但红人容易过气；达人因为有专业王牌，不易被人遗忘。

第三种：“潜水员”

大规模存在于网络世界的角色。他们默默地浏览、默默地转发、默默地灌水、默默地喜怒哀乐，很少表达自己的观点和情绪。他们从网络上汲取知识和娱乐，却不愿意开展自己的二次元生活。“潜水员”最不容易得到社交币，网络只是他们的书籍和电视机，他们的社交币几乎等于零。

第四种：公知

他们眼光独到，观点锐利，涉猎广泛，且喜欢为他人发声。他们营造着自己的形象和名誉，并得到了广大网民的信任，成为意见代表。公知有很高的形象要求，几乎不能有个人名誉上的瑕疵，否则社交币会立刻贬值。这是一种要求非常高的网络人格，一般人无法尝试。

第五种：参与者

他们十分活跃，性格外向，兴趣广泛，爱好社交，十分熟络地穿行在各大网站之间，对什么都有一点儿见地，经常参加各种活动，热心地帮助新人和有困难的人。不过，他们缺乏自己的定位，从而导致缺乏独特的魅力，所以，他们的社交币价值不高，仅供交换，无法大规模流通。

第六种：表述者

他们喜欢表达，擅长讲故事，既讲别人的事，又讲自己的心事。这种讲述不只是语言，还可能发展为多种形式。他们表达欲强烈，但不是所有表述都能吸引人。表述需要技巧，需要形式，需要有价值的内容，如果不能掌握这些要点，人们就只会看到某个人在网络上喋喋不休而已。这样的人很难拥有社交币，反而让人厌烦。

第七种：演员

他们隐藏自己的真实人格，按照网络喜好来塑造自己的形象。他们可以是清纯的、忧郁的、博学的、搞怪的、大大咧咧的、小心谨慎的……他们像演员一样扮演着自己的角色，让人们信以为真。有时他们甚至会杜撰自己的身份，换取更多话题。因为深谙网民心理，他们很容易走红。不过，一旦被戳穿身份，他们的信誉就会下滑，社交币也会迅速贬值。

第八种：活动家

他们渴望交流，渴望碰撞，渴望学习，更渴望机遇。他们精力充沛，善于调动气氛，他们是那些真正了解社交资本价值的人。即使本身不输出价值，他们也能靠自己的人脉和组织能力，把别人变为自己的资源。想要当一个活动家，必须要有充足的精力和足够的智慧，否则，你在别人眼里只能是一个凑热闹的闲人。

第九种：商人

他们的工作是营销和赚钱，他们的形象和行为全都经过周密安排和精心布局，以优良的展示服务和创意服务来吸引用户，进而推销商品。他们获取社交币只为变现，因此把传播率放在首位。这也要求他们必须时刻关注市场需要和粉丝需要，迎合他人喜好，改变自己的形象。这需要极大的灵活度，否则容易弄巧成拙。

第十种：搬运工

他们是信息中转站、交流中心和传递中心。他们喜欢收集各种各样的信息，有时实时传递，有时加以分类总结。他们的原创性不高，却因为视野广、涉猎广、勤劳而成为综合性消息平台。有时，他们甚至能够凌驾于消息始发平台之上。但因为原创性内容太少，没有固定社交资产，他们极容易被取代。

你拥有哪一种人格？还是同时拥有数种人格？通常，人格层次越丰富，社交币的种类越齐全，保值效果越明显。尽量扩展自己的视野，增加自己的社交活动，你的魅力也会在无形中增长。

网络是自由的平台，不要拘泥于三次元的形象和性格，请尽情地发挥，这样你就可以在网络上拥有自己的第二生命。

个性是传播者的通行证，创新是个性的真谛

在信息传播过程中，人们接触到的不只是信息的内容，还有传播者本人的形象。无论传播者是企业平台还是自媒体个人，都有最基本的形象要素：性格、态度、风格、手法，也许还要加上个人外貌等。所有这些因素中最吸引人的，是传播者表达出来的个性。

个性可能是一种风格，一种图像化手段，一种观点，一种行为，这些外在部分透露着传播者为人处世的态度，也透露着其审美倾向、才能、爱好、立场、目的。个性最容易吸引人，有人产生共鸣，有人因迥异的立场而产生好奇。个性可能不被所有人喜好，却会被大多数人关注，因为个性代表特别，代表创意，代表才华，这是人们很难拒绝的东西。

在互联网上，个性是传播者的通行证。信息爆炸，审美疲劳，人们厌倦了千篇一律的东西，渴望耳目一新。个性代表的就是新，就是奇，甚至是怪，这些都能刺激人们去了解、去分享。现在就让我们把个性进行量化分析，探讨个性的秘密。

个性代表传播量。

有个性的人往往不走寻常路。别人都唱伤感情歌，他们却唱起RAP；别人都在跟随热点，他们却经营冷门；别人穿爆款时，他们却设计小众服装……他们的信息永远和别人不一样，让人看到另一种观点、另一种态度、另一种路

径，传播量因此而来。

有个性的人最大的个性，就是当他的个性成为大众追逐的焦点，不断有模仿者出现时，他们立刻改弦更张，开创另一条道路，永远不和别人一样——这是他们的追求，也是他们吸引力的源泉。

互联网形象的个性，有时未必代表形象缔造者的个性，它代表的是一种追求，一种创意，一种不流俗、不妥协的努力，这些因素正是影响传播量的关键。用一句话来总结个性者的传播秘诀就是：做和别人不一样的事，把它做好。

个性需要技术含量。

个性要是和智慧没有一点关系，那就是没有技术含量的胡闹。很多人误解了个性的含义，以为高声发表几句和常理相悖的言论，故意创作一些反常规的作品，或者故意做出出人意料的举动，就叫作个性。这些事都能引起人的关注，有时还能引起疯传，其传播实质是人们看到一个傻子当街打滚，忍不住当作新闻告诉他人。

个性必须要有技术含量。技术可以是学识、人生经验、爱好、特长、性格等一切自己持有又能真正激发旁人欣赏的东西，它必须独特而有价值，人人都具备、人人都能达到的，不能称为个性。简单地说，有个性必须有实力，才能让人信服。

个性需要正能量。

有个性是传播的保证，但个性也分很多种类。一个文字犀利的写手每天都在抱怨社会、抱怨人生，用犀利的笔调讽刺周围的一切，也可以算得上有个性。但如果人们在他的信息里始终看不到希望，看不到感恩，看不到正能量，就很难真正欣赏其为人，甚至认为他和自己周围那些整天怨天怨地的负能量友人没有区别。对这样的人，有理智的人都会选择敬而远之。

这是很现实的网络常态，人们分享信息是为了流通，为了将这份信息作为自己的社交币吸引旁人，倘若整天转发一些充满负能量的信息，连本人都会被其他人排斥。这就是为什么人们宁可转发还算有道理的鸡汤文字，也不愿转发牢骚满腹的抱怨文字。如果一个人的个性太过阴暗，就很难参与大规模流通：线下，他是个孤僻的人；线上，他是个阴暗的人。他只能在自己的小角落里展现所谓的个性。

可见，在这些极具个性的表象下，人们最需要的东西依然是一种共性，是来自人性、生存需要和社会需要的呼吁，如果个性不能和这类共性结合，其传播能力终究有限。传播者在强调个性的同时，不可忘记个性和共性的关系。可以说，个性为社交币提供面值、提供宣传入口，而共性才是市场、才是平台。如果过于强调个性，凡事都要反对共性，这种社交币只能取得一时的成果，终究不是长久之计。

最后，如果个性已经形成传播量，我们应该如何处理两者的关系？个性是传播量的基础，我们当然要尽量保持个性。但是，千万不可被单一的个性绑死，要知道人们很容易产生审美疲劳，一旦发现你的平台上只有一个种类的消息、一个层面的形象，就会产生厌倦。

网络是流动的，人也是活的。当你能以一种个性为基点，尽量地展开更多的层面，让他人看到一个作为活生生的人的你，而不是一种个性定义，那么，你就会有足够的关注基础，于是你甚至可以颠覆自己的个性。须知，**创新才是个性的真谛**。

从免费到收费，Freemium的秘密

Freemium，一种常见于互联网的商业模式，它的运作方式分三步：

第一步，靠免费服务吸引大批用户；

第二步，推出各种增值服务；

第三步，将部分免费用户变为收费用户，用来支撑网站运营，同时依然保

留免费用户，作为潜在收费用户和网站规模的保障。

可以说，如今的互联网巨头们在创业之初，都要靠“免费”这张王牌打天下。淘宝最初是个免费的交易平台，QQ最初是个免费软件，百度最初也是个完全免费、无须竞价的引擎。免费使用带来了巨大的用户流，这些流通中的交易、聊天、搜索以及点击，都变成了网站的社交币，网站靠免费取得了巨额社交财富，时机一到，就会带来源源不断的现金财富。

为了在竞争中占有一席之地，不少企业选择免费推广。例如，在互联网兴起后，计算机病毒随之泛滥，杀毒软件成了走俏品。最初的杀毒软件需要付费，而后起之秀360却推出了免费杀毒软件，一跃超过了金山、瑞星等老牌杀毒软件，顺便推广了它的浏览器。这是免费推广的经典成功案例。

不过，免费推广也有它的弱点：大规模的免费需要大笔资金做后盾。在很长一段时间里，企业需要面对“零收入”、“负收入”，很多企业撑不过这段时期，淘宝等巨头全都经历过艰难的创业期，好不容易才杀出了一片天地。于是，一种缩短免费周期、提高变现效率的模式被推广开来，这就是Freemium。

让我们以网游来说明Freemium的社交币和变现的秘密。

一款网络游戏即将推出，首先要大规模地做广告，炫耀其世界观的恢宏，美工的精致和人物形象的与众不同，也许还要请某位明星出任代言人，以进一步提高名气。一些优惠必不可少，包括赠送物品并承诺公测不删档等。游戏迷的胃口被吊了起来，于是纷纷点开了这档游戏，结果发现故事有趣、人物好看、用户不少、难度适中，于是建立角色，开始游戏。

每一天都在进行升级，每一个任务都有不同的成长值，在游戏里结识了不少人，又让自己的朋友们也一起来体验这个游戏——游戏就这样固定了新用户，带来了更新的用户。用户们很高兴能在业余时间找到了这么一个休闲空间，因为在这里，他们能够打发时间，能够结识朋友，能够在虚拟空间一圆江湖梦和英雄梦，也许还能谈个网恋。总之，当用户对游戏产生了感情，成为忠诚用户，他们就已经成为游戏的有效社交币。

用户的社交币功能有两种。

一种是传播。

用户能够带动游戏的名气和活跃度，一款游戏玩的人越多，它的人气就越旺，它的用户基数也相应增大——收费用户也会相应增多。固定用户自带宣传功能，会带来广告效应，还会带来更多的用户。免费用户带来的人气，对热门游戏来说，是不可缺少的“预热”。而且，今后游戏能够影视化，他们是现成的观众；今后游戏出了周边产品，他们也有一定的购买力。

一种是直接变现。

这也是Freemium的关键。和游戏一起推出的还有各种收费项目，专门为那些没有多少时间玩游戏，却想要成为高手的人提供。只需要多多花钱，就可以得到各种“神器”、“秘籍”、“宝盒”，比起辛辛苦苦刷副本捡掉落，收费项目无疑是最快捷的升级渠道，游戏的主要收入正是来自这些“少数部分”，满足他们的喜好，定制他们满意的服务，让他们留在游戏中，才是运营商的目标。而免费用户事实上成了收费用户的陪打、陪练和陪玩。

Freemium模式抓住了互联网营销的关键：流通。只有大规模用户注册并使用，才能使流通成为可能，热点也随之而来。免费使用向来是流通的利器，抓住人们“姑且试一试”的心态来吸引客流量，把收费项目调整在自选范围内，使用户一直拥有选择权，不会产生“被强制收钱”的逆反心理。这种模式既利用了互联网，也利用了人们的消费心理，确实有效。

不过，Freemium并不是万事万灵的，游戏也好，产品也罢，就算免费也必须让人看到精彩的内容，否则留不住用户。毕竟，用户的关注就是社交币，他们有权把社交币投进更值得关注的地方。真正留得住用户，能让用户心甘情愿消费的，仍然是内容。免费和低价，只能保持一时的流量，没有过硬的内容，社交币很快就会流失。

再说一个现实版的反例。大城市影院竞争激烈，不少小影院为了吸引观众前来观影，推出超低价团购等措施，这固然吸引了一大批观众。可是，小影院观影体验差，地点太偏，附加服务费太高，种种原因，让观众不愿意再来第二次——除非有同样低的价格。

院线商对此叫苦不迭，这种行为也被网友们调侃为“掏钱补贴北上广群众业余生活”。看来，没有硬件，再低的价格、再优惠的措施，也无法获得粉丝们的心。这启示我们，想要利用社交币搞营销，千万不要本末倒置。

用速度角度温度深度，寻找舆论制高点

发布话题，参与传播，产生价值，这是社交币的流通顺序。话题的热度和传播的广度直接决定了社交币价值的高低。不过，话题热不代表生命期长，传播广不代表影响力大，生命期和影响力同样能决定社交币的价值。可见，想要社交币在流通中升值，需要多方面的努力。努力的第一步，就是占据舆论制高点，走上推广之路。

通常，首发消息最容易引起重视和扩散，跟风者除非自身有极大的影响力，否则很难抢走首发者的风头。人们重视首发，首发消息是一种“稀缺资源”，这类消息包括时事新闻、原创作品、内幕消息等多种种类，厂商拥有产品类首发的主动权，但这类产品除非有创新技术或新锐设计，否则很难引起话题；原创作品首发能否引起轰动，大多靠作者积累的名气，而不是完全依靠作品本身的内容；其他新闻类首发，常常要靠争分夺秒，谁能在第一时间发布，谁就能火爆一把。

所有的首发行为都是为了抢占舆论制高点，但首发需要资源，不是所有人都有这个条件。不过，即使首发者也未必能够完全占领制高点，想要“一览众山小”，还需要更多条件。有时首发一条消息，却并未加以引导，结果人们纷纷涌到其他人的平台上进行讨论，制高点旁落。可见，抢占制高点并没有一定之规，消息未必就是话题。**想要夺取制高点，需要掌握四个“度”：**

速度

抢先发布和快速转发是最直接的方法，包括由此而生的议论、周边作品

以及引导讨论，速度决定了你能否抢占更大的平台。对于热点话题，你必须当即有所反应、有所行动，此时不需要深思熟虑。否则，当你苦思冥想三五天，终于想到一个绝妙的舆论引导办法时，话题却早已降温，关注者早已把注意力转移到了新的热点上，你只能一个人炒冷饭。没有速度，耗时耗力也得不到好处。

角度

有人靠反应快抢占先机，有人靠角度独特抢占空间，两者都透着机灵，后者更机灵。只有一个角度的话题令人乏味，很难引起大家长时间的关注，但换一个角度去引导关注者思考，就能拓展信息接收者的思维，使普通社交币变成可传递、可讨论的社交币，实现增值，从而加快传播速度。角度是独辟蹊径的智慧，有角度就有出路。不要害怕与人抢话题，只要你有角度，即使陈旧的话题也能焕发生机。

温度

网络呼唤人情味，呼唤有情怀的主题，呼唤有人道感的议论。负面议论和负能量质疑让人们灰心，如果你能从信息里发掘正能量，或者呼吁人情关怀，就能切合人们的向上心理，你发布的消息就有了温度。从人情角度认识消息、进行传播，就能让人们看到一个积极的态度、一颗温暖的心。不要小看感情的力量，它同样能够占据制高点。

深度

对一个消息，人们有自己的判断，想要说说自己的主张，也渴望有见地的议论。用心思考，用心挖掘，以深度取胜，依然能让你拥有不可取代的位置。人们可能会错过五花八门的议论，但对于名笔们的“深度发言”，大多会仔细阅读，这就是深度的影响力。深度代表智慧，当一个有智慧的人，即使错过信息高峰也没有关系，因为智慧本身就是高峰。

最后，考虑到网络环境和社交币推广的现实需要，不妨再给这“四度”加一个“**力度**”。加大信息传播力度也是登上制高点的步骤，传播的人越多，声音就越响，引起的反响就越大。而传播力度靠的是发布人本身的影响力，以及传播策略的运用——这也是下一节要讲述的。

并不是每个人都有抢夺舆论制高点的实力，这时候要灵活起来，寻找另一种制高点，产生同样的影响力。

没有速度就思考好的角度，没有深度至少要有温度，如果这些“度”都达不到，你依然可以参与话题，至少你还有个人**态度**。你表达的态度就是你的社交币，如果不能引起大规模的传播，至少能在你的朋友圈里流动。社交币不怕动作小，就怕没有任何行动。

七大要点，提高信息覆盖率，收获天量社交币

流通有两种：一种是外力推广的，包括强制推行、幕后策划、水军大规模转发等模式，其特点是信息本身并不吸引人，依靠外力才能实现传播；另一种是自发的，瞬间引起信息接收者的兴趣，引起大量的转发。

就流通本身而言，前者价值并不大，后者才是信息提供者渴望看到的局面。那么，什么样的信息最容易流通，迅速实现高度覆盖呢？这样的信息主要有以下几个特点：

1. 悬念

英国有个小说家叫毛姆，是一位享誉世界的作家，代表作有《人性的枷锁》《月亮与六便士》等。不过，他出道的时候并不受欢迎，小说销路也不好。为了提高销量，他想了个办法。他在英国一家著名报纸上刊登了一则征婚启事：“本人未婚，身体健康，个性开朗，爱好音乐和运动，年轻有教养，有百万年金。希望能找到一位与毛姆的小说《月亮与六便士》中的女主角一模一样的女性作为伴侣。”

广告一经刊登，这本小说立刻成了热销书，人们都想看看究竟什么样的女

主角，能让一位百万富翁如此倾心。每个人都有好奇心，如果一条信息刚好挑起了人们的求知欲，它无疑会受到广泛的关注。所以，给信息一个悬念，让接收者带着解密感点开标题，无疑是吸引眼球的好办法。如果悬念本身带有话题性，它就是天然的社交币，能帮你迅速占领一方天地。

2．争议

互联网时代是平民时代、表达时代，每个人都有表达的权利和空间，任意发表自己的看法。什么样的话题能够火爆？无疑是那些能够引发争论的。当两方甚至多方观点在平台上火拼，平台主人只需稍稍引导话题，就能看着越来越多的参与者前来讨论，看到话题度一路高涨，作为发起者，自然能收获大量社交币。

争议能促进社交币的流通，因为它刺激了每个人的表达欲。争议性话题很多：关于人性、关于社会现象、关于某件事物的评价……只要争议问题有一定的关注度，再找到矛盾点，就能引发议论。不过，你需要先抛出一个能够引发争议的观点，一定要能抛砖引玉才好。

3．诉求

早在互联网还没有兴起之前，诉求类信息就有很大的传播空间，人们写信给报纸上的“知心姐姐”，打电话给电台里的“知心大哥”，为的就是把那些无法说出来的话、无法言明的感情和无法发泄的怒气抒发出来。每个人都有类似的情感诉求，为了生活，为了人际关系，他们无法言明，所以很希望看到有人替自己说出来。

于是，那些敢说敢骂的人受到了青睐，特别是那些精妙又犀利的吐槽，刚好骂到了点子上，真让人大叫爽快。针对情感诉求的话题一向有市场，职场、生活、婆媳、恋爱、交友、房价……所有现代人关心的话题，都是人的诉求所在。其实，这些矛盾就在你的身边，将他们发掘出来、表现出来，将别人放在心里不敢说的话说出来，你就能获得关注。

4．创意

创意是永远的王道，有创意的东西无论何时都不会受到冷落。在大同小异的新闻里，一点细节上的不同就是创意，就可能成为风格，就能先引起转发，继而拥有固定传播率。例如，同样是娱乐八卦，大多数人都以话家常的爆料形式发布在微博上，某位娱乐大手却把爆料内容配上打油诗，立刻显得与众不同，让人格外注意，这就是创意。

靠创意获得社交币并非想象中那么困难。想要当个有创意的人，与其说需要灵感、需要智慧，不如说需要用心、需要精益求精，然后把内容拓展得更广阔，把细节做得更周到，多琢磨灵感自然会来。重要的是不要跟风走别人的路，而是要试着走自己的路。

5．专业

专业性质的信息不会缺少阅读量，这是由其性质决定的。互联网打开了人的眼界，人们对这个世界的好奇与日俱增，专业人士提供的知识，无疑是我们了解世界的最有力武器，人们渴望看到真正的专业知识，而不是每天被一堆似是而非的科普知识忽悠。

不过，专业信息也有一个传播限制：专业术语过多，导致外行人望而生畏；专业过于高深，导致外行人根本看不懂。这就要求信息发布人注意深入浅出，注意以零起点为基础的人群，以他们的理解能力为基准发布消息。当然，精深部分不能少，否则真正懂行的人会认为你道行太浅，给你贴上“伪专业”的标签，这样的消息足以抵消你的影响力。

6．实用

在互联网上，人们最想看到什么内容？有用的内容！只要一个消息能够对人产生帮助，不论是技术上的、生活上的、感情上的还是心理上的，它就有自身价值和传播价值，就能够引起话题、获得赞同。有帮助内容的消息，也是人们最迫切需要的社交币，它不但能解决自身问题，还可以作为自己的知识提供给他人，吸引更多人关注自己。

实用类技术帖也是关注的重点，你想象不到多少女人想要知道如何简单快速地化一个妆面，想象不到多少男人希望知道如何多快好省地让自己变潮、变得有品位，想象不到多少人希望得到某个旅游城市详尽的小吃单子……这些生活中的琐碎技术一旦被整理、被发布，就能引发大规模追捧。实用，其实就是接地气，想众人所想，提供众人所需。

7．深度

有智慧的人让人欣赏，智慧信息受人重视。尽管网络上有那么多“宝典”、“秘籍”、“经验”，真正有深度的东西却不多，这是因为人们过于追求社交币的传播效应，导致浮躁，无法静下心来真正研究自己发布的信息是否有过人之处。此外，网络是新鲜事物，网络用户大多是年轻人，因人生经验不足而导致欠缺智慧，也在所难免。

互联网上有太多流水账信息，这增加了人们对深度的渴望。深度信息往往缺少夺人眼球的刺激性，往往不能带来疯转。不过，这类信息一定能够带来持久广泛的关注。可以说，多数信息红火的是信息本身，并不是发布人；深度信息红火的是发布人，而不是信息本身。如果你能做个深度发布人，就能拥有一笔持久升值的社交资产。

一条信息只要具备以上七个要点中的一个，就具备了基本的流通价值；如果具备了其中的几个，就一定会有强大的信息覆盖率；如果能够以新颖的形式包装发布，就很可能会成为热点；如果把这些特点轮番搭配，你必将成为一个话题王！

读图时代，做一个视觉达人更能发挥社交币的价值

如果你到今天还不了解图片的价值，还不知道如何在自己发布的信息中插入适当的图片，还没有研究图片的种类，甚至不明白为什么大家都在玩图片，你就out了！在这个读图时代，在这个到处都讲究视觉享受的时代，在这个连著名导演都要感叹“以前的电影靠故事，现在的电影靠视觉”的时代，你又怎么能排斥图片呢？

图片可以有效促进流通。同样一篇文章，纯文字版本和有插图版本，转发

量会有质的差别。图片的作用很多，随便列举几点：图片能第一时间抓住人们的眼球，让人对内容产生兴趣；图片可以恰到好处地点缀内容，缓解人的视觉疲劳；图片是内容的巧妙注解，帮助人提高理解力；图片可以把复杂的内容简单化，降低理解难度；图片本身就是艺术，让人得到美的享受……

任何图片都是有效的社交币，有它不会让人觉得累赘，没有它却会让人觉得少了点什么。就拿聊天表情来说，人们经常要用各种表情作为语气辅助，来强调自己的心情和意图，一个带着得意表情的狗头，一个戴着墨镜的人脸，一个带着安慰性质的小人，比语言更加直观，让人能够更准确地接收到信息点，大大地节省了社交成本。更不要说那些五花八门的表情包，已经给人带来了无数的笑声。

图片也是可以传播的知识。如果你想说说西方文艺，不论说文学、说绘画、说哲学，光有文字，只会让不了解西方的中国人觉得枯燥，如果配上那些美丽的油画、当事人的照片、历史背景的图片，文章立刻就会变得立体，从而增加了可读性。当然，如果你能把这些图片连缀成视频，以解说的形式传播，传播率就会进一步提高，从图片到影音，都在强调视觉对接受的影响。

重视视觉已经成为所有媒体的共识，以视觉为卖点的绘本、杂志、广告正在不断推出。在图书市场上，“读图时代”已经来临，有文字、有插图的图书更受欢迎。在自媒体领域，最早一批红透半边天的大V，有不少都和图片有关，这是不能忽视的潮流，未来也不会改变。

让自己的信息有更强的视觉性，要从排版做起。密密麻麻的文字让人看得头疼，清爽的字体、疏密适中的文字间隔、柔和的背景颜色都能带给人良好的阅读体验。添加的图片要恰到好处，不要将毫无关联的图片随意插进文字，干扰他人的阅读思路。

如果你会画图，你可以用图片来表达你的观点、知识、情绪，画功好的人，可以随意表达；画功一般的人，简笔画也有可爱之处，把简单的插图作为文字辅助，同样能取得好的视觉效果。

如果你会摄影，不论风景或是日常还是自拍，都可以给你的作品加以出色的点缀。如果你实在不懂怎么使用图片，至少你还可以使用表情包增加你的文字的情绪，去达到渲染的效果……总之，图片不可忽略，图片不可缺少，图片不是关键胜似关键。

视觉类作品要有重点，就像文字类作品要有主题一样。用于流通的图片不一定是艺术品，它的主要功能是吸引人关注内容。人们浏览图片的时间极短，如果在一秒或几秒的时间内抓不住图片的重点，就很容易忽略掉这张图片。因此，构图时一定要确定中心，让人能够抓到图片要表达的东西。

使用图片也要注意“度”。某一类图片的使用会令人头疼。例如，一篇文字里满满的表情，不到三句话就来一个哭泣跪地咆哮，似乎只有这样才能表达自己的情绪，殊不知，这类无意义的图片已经极大地干扰了你要表达的效果，甚至让人中途放弃继续阅读。

在使用图片时，一定要分清主次。若以文字为主，图片则用来点睛；若以图片为主，文字则不宜长篇大论。要始终保证信息接收者能迅速找得到重点，这样才能让信息顺利流通。

图片泛滥也是个大问题。越来越多的人开始追求视觉，却缺乏最基本的审美功底，这种人往往拿到一张图片就用，既不考虑图片与表达的关系，也不考虑视觉上的综合效果，为图片而图片，这反而降低了传播的可能。

想要更好地运用图片，不妨多参看那些图片高手是如何构图配色的，也可以亲自看一看美术书，拿起画笔颜料找一找感觉。不是每个人都能用专业的标准来要求自己，但至少你要让别人看得很舒服。

最后需要提醒的是，大多数图片是有版权的。过去，图片版权不明确，造成了无责任滥用，既损害了图片拥有者的利益，又让发布者担上了“盗图”的骂名。如今图片市场逐渐规范，无授权使用必然会引发声讨，想要使用，可以向图片所有者申请授权，或者购买，或者去免费图片库寻找。

最好的办法是学一学绘画和摄影，这既让自己多了一个爱好，又有原创的图片可以增加自己的看点，一举两得。

PART Ⅲ

社交币“本位”

分享规模决定币值大小

社交币“本位”，即以社交币为“本位币”的社交制度。这是一种基于共享经济下的新型制度，它没有固定条文，却制约着人们的网络生活，决定了每个人的社交币收益甚至金钱收益。在共享经济条件下，人与人的线上交往可以以社交币进行收支核算。分享单位不同，社交币的种类和流向便大不相同。

掌握了社交币本位，就掌握了网络共享经济的基本法则；区分不同类型的社交币，了解它们各自的规则，就避免了以偏概全，就能直击获取社交币的核心问题。

共享经济是每个人的机会，你甘愿落后吗

随着互联网和智能手机深入我们生活的方方面面，全世界都正在进入共享经济时代。人们惊喜地发现，这一经济模式所蕴含的能量，不但能够为我们的生活提供最大的便利和最快速的服务，还能尽可能地减少资源浪费，提供就业机会，让闲置的资源超越时间和地区地进行交换和互动，从而给每个人都提供了机会。

如果你有才能，只要你愿意发挥，互联网保证你不会被埋没；

如果你有爱好，只要你愿意分享，就能找到同好甚至将爱好变为现金；

如果你有服务可以提供，不论你会做饭、记账、设计、清洁……或者你有一辆可以载人的过路车，你都很快就能找到需要你的人。

共享经济让每个人都有表现的机会，能让每个人受益，想必你已经充分享受过这种经济提供的好处。例如，你坐在家里，就可以收到澳大利亚的奶粉、日本的洗面奶、美国的模型、法国的糖果等。但是这样就够了吗？你只准备在这波潮流中当一个消费者而不是弄潮儿吗？请注意，**共享经济是每个人的机会，你不能落后！**

当然，新旧经济模式更替的时期，必然会产生激烈的摩擦。传统心理有根深蒂固的土壤，它代表着人们的惯性和对新事物的偏见。当两种模式的交锋无法避免时，就会引发更大规模的冲突。新模式正在改变人们的消费观念，旧模式即将被摧毁，所有行业都要面对共享经济的挑战，我们能做的只有迅速改革

或者等死。

看看美国ZIPCAR网站是如何颠覆租车行业的。创始人罗宾·蔡斯是一位充满活力又敢于冒险的女性。在2000年，她看到了“互联网+租车”这一组合蕴含的商机，于是一个共享租车的网站成立了，人们不必再把时间浪费在打车或者找车位上，一切都可以依靠网站提供的互动信息就地解决了。很快，这种快捷高效的新型交通服务模式便被推广开来。

这无疑触动了传统汽车租赁业的利益，他们想尽办法阻挠这个新兴行业的发展，但新势头挡也挡不住，平民大众爱便宜更爱便利！若干年后蔡斯仍然会想起当年的噩梦：一群恶霸闯进她的卧室，拿枪指着她和她丈夫的头，但这一切仍然不能阻止网络租车的发展。上百年的租车行业在短短几年内就被摧毁了，但我们不必惋惜，却要警醒，因为，时代的脚步是谁也阻止不了的！

如果你觉得ZIPCAR和P2P离你的生活太远，不妨看看我们身边的滴滴出行，它正在重演ZIPCAR经历过的一切。包括滴滴出行带来的省时、省力和省钱，包括传统出租行业的反对，甚至有大量出租车司机公开骂那些抢生意的新司机，当然也包括新司机们素质不齐所引发的种种事故，新兴网站还没有丰富的风险应对经验，甚至没有法律支持……

在一片混乱中，你又会怎样去选择呢？是顶着烈日或寒风站在大马路上一辆辆地拦出租车，还是用滴滴出行叫个车，在预定的起点与终点间直接下楼——直接上车——直接到达目的地——顺便享受一些租车的折扣呢？答案不言而喻。

传统面临着内外两重重压，怎能不崩溃呢？忙着提出诸如“如果传统租车业崩溃会造成多少失业率”之类的问题已经没有多大意义了，立刻会有人拿“新兴租车业的兴起会带来多少就业机会、降低多少车辆闲置率、增加多少燃油利用率、灵活性租车为城市交通带来的便利”给予回复。事实上，共享经济的最大特点就是打破传统的垄断，尽量发挥每一个个体的价值，这注定了它将取代传统。

2016年7月28日，出租车改革及网约车新方案出炉，网约车走上了合法化的道路，这项政策使众多车主倍感欢欣，也给传统出租业带来了莫大的压力。这不是一时的潮流，是时代的走向，广泛的社会参与已经促进了改革和立法，这一趋势不可逆转，今后也会有更多的相关法规出炉，抱着老传统的人只能眼睁睁地看别人发财。

当然，问题依然很多，例如个体司机是否具有足够的驾驶资格，目前还没有正规的认证机构；在线预约平台无法保证司机的质量，这也是它被诟病之处；客户担心差评会导致司机的报复，让司机的信用值并不可靠；自驾车是否有安全隐患，同样令乘客担忧……不过，许多问题正在解决之中，而再多的问题也挡不住这一行业的迅速发展。

不只租车行业面临重组，大量传统产业也一样。我们的思维更是如此。赶紧学起来，不要只想实体经济，要学学如何利用共享经济；不要只攥着纸币，要学习赚取社交币！在共享经济时代，不动产可能贬值，社交币却可能给你带来更多不动产，你甚至可以将自己的不动产变为社交币。例如，将你空置的房子布置一番，你就可以利用小租短租赚上一笔；不再使用的商品可以通过换物或二手贩卖平台，带来更有用的东西，而不是扔掉。只要包装得当、使用得当，你的一切都可以成为社交币。

在这个时代，每个人都可以成为自媒体，每个人都可以依靠创意和努力成为价值获得者。甚至可以说，拥抱共享经济，积累社交币，你就是新时代的成功者。自媒体时代的社交币积累简单吗？看起来非常简单！请看看一个叫“古城钟楼”的微博，此微博每天只做一件事：一个时辰（2小时）敲一次钟，也就是打几个“铛铛铛”。就这么一件小学生都能做的事，却给这个微博带来55万粉丝，这个数量还在持续增多中。

可是，你想到过这个创意吗？这既包括对受众的心理把握，也包括对自身的准确定位，还包括对潮流的认知。当有人跟你说“COS个钟楼能出名”的时候，你能立刻意识到其中的机会，还是和大多数人一样把这句话当作一句笑话？

看来，想利用互联网狠赚社交币，你还要先学学基本知识。下面就让我们详细地了解与学习关于社交币的常识以及扩大社交圈和增加社交币的基本功吧。

首先我们要了解社交币本位究竟是什么。

社交币“本位”：分享规模越大，社交币价值越大

为了便于理解，我们引入“货币本位”的概念。所谓货币本位，是国家规定的标准货币的货币制度。在国际活动中，国家出于经济条件或政策上的考虑，用法律的形式将本国货币与货币制度固定地联系起来，作为衡量价值的标准。我国的本位货币是人民币，它具有流通能力和支付能力，可以作为一切经济事项的核算反映。

由此，我们再来看社交币“本位”也就不难理解了。我们可以这样认为：社交币“本位”就是以社交币为“本位币”的社交制度。当然，现实中并没有社交制度，我们这样形容只是为了让阐述更清晰。在社交活动中，社交币如同人民币一样，可以作为衡量社交活动价值的标准，能够作为一切社交事项的核算反映，这种无形的“社交制度”就是社交币“本位”。

我们已经知道，社交币可以作为衡量社交活动的价值标准，就像人民币可以作为衡量价值的标准一样。这辆汽车价值多少？10万元人民币。这辆自行车价值多少？500百元人民币。同样的道理，社交币也能起到这样的作用。所不同的是，社交币作为衡量社交活动的价值标准，是通过另外一些形式展现出来的，比如规模。

在社交网络爆棚的今天，我们总是会利用社交币去获取一些东西，就像用人民币去买东西一样。那么，我们获取的东西到底价值几何？怎么去衡量呢？

总不能也如人民币一样，这个活动值500元“社交币”，那个活动值10万元“社交币”吧？这肯定不行！别急，办法总是有的。既然我们创造信息是为了分享、为了传播，那么就可以用分享规模来作为衡量的标准。**通常，分享规模越大，社交币价值也就越大。**

2011年9月，在美国著名的视频网站YouTube上，一个视频短片成功地引起了人们的注意：他跟女朋友走进电影院，座位上坐满了身材魁梧、赛车手外表的壮汉。最糟糕的是，只有中间还有剩下的位置，他必须顶着无数壮汉虎视眈眈的眼神，穿过过道并坐过去。在这种情况下，很多情侣来了又走了。但是，为了证明自己是勇敢的，他走过去并坐下。结果，什么情况也没有发生。最后，那些壮汉把嘉士伯啤酒递过来，并为他的勇敢行为鼓掌。

这段嘉士伯啤酒的广告视频发布以后，受到人们的极大关注，分享规模不断扩大。据统计，到2012年5月，仅8个月时间，视频播放次数已经超过1100万次。相比之前默默无闻的广告宣传，仅在2011年第四季度，这段视频就使嘉士伯啤酒的销售额提高了4.3%。

另一个案例：有一个刚毕业的年轻女孩，进入国企工作。她每天没有太多的事情要做，于是代理了一款化妆品，自己开了一家微店。每天空闲的时候，她都会努力经营自己的微店。她从朋友那里取经，先从朋友圈开始推广，然后把微店复制下来，在各个渠道上推广。就连PC端上的QQ群、论坛等地方，也成了她推广微店的地方。可是，由于她好友很少，虽然极力推广，但真正注意到微店的人群规模也很少，这导致两个月下来，她只卖出去了几盒面膜。

无论是嘉士伯啤酒的宣传视频也好，还是年轻女孩的微店营销也好，他们都想用自己的社交币获得一些东西，即人们的关注，然后再把这些关注转化为收益。不同的是，前者大获成功，后者却以失败告终。

原因在哪儿？分享规模的不同。**在互联网时代，信息传播规模的大小，将决定其价值的大小。**

英国著名哲学家弗朗西斯·培根曾说过：“知识就是力量。知识的力量不仅取决于自身价值的大小，更取决于它是否被传播，以及被传播的深度和广度。”知识也是一种信息。在这个信息纷繁复杂的网络时代，包含更丰富的信息的价值仍然在于流动。信息的价值，只有通过有效的传播才能实现，而分享规模的大小则是验证传播是否有效的最直接体现。

梅特卡夫定律也很好地证明了这一点：网络的价值随着用户数量的平方数增加而增加。

2012年，加多宝在与广药的商标争夺战中输掉了官司，广药集团收回鸿道集团有限公司的红色罐装及红色瓶装王老吉凉茶的生产经营权，两家企业自此展开了激烈的市场争夺战。然而，这场充满硝烟的战争却因为加多宝的4张图片发生了转折。

2013年2月，加多宝在微博上做出了一组兼具视觉力与传播力的“对不起”系列图片。这组图片选取了4个哭泣的宝宝，并配以一句话文案诉说自己的弱势。4个哭泣的宝宝、4句强有力的文案、4声掷地有声的“对不起”，恰好一柄利刃，刺中的消费者心中最柔软的地方，也刺在了竞争对手的痛处。这张悲情牌一经打出，立刻博取了大量网民的同情。

在短时间内，加多宝官方微博上4张图片获得了超过4万的转发量。在2013年，这样的分享规模已经够大了，而它为加多宝也带来了极大收益——加多宝一举将输掉官司的负面新闻成功扭转。这启示我们，分享经济时代，一定要学会运用社交币的力量，一定要懂得如何进行信息分享。

你幽默？有才？犀利？美丽？机智……请亮出你的核心价值

共享经济催生了自媒体时代。

自媒体，是指个人利用现代化电子化手段，提供与分享自身的新闻的途径，也是单人传递信息的新媒体的总称。这个定义还不算规范，代指对象过于宽泛，但这也符合互联网媒体的基本现状，即大量社交币的持有者享有话语权，成为新的信息发布者。而他们发布的信息进一步成为新的社交币，参与互联网流通。

在分享经济时代，衣食住行都是社交币。每天都有美衣达人、美食达人、家居达人、旅游达人崭露头角，他们挖空心思让自己说的话、做的事、拍的照片、制作的视频更有创意、更实用、更气派、更尖端，为的是快速传播，以手中的社交币换来更多的社交币。可以说，这是一种没有金钱参与的贩卖行为，商品持有者和接受者想要的都是社交币。

自媒体世界门槛低，易上手，甚至在马路上拍一段有情节的视频也能引发大量转载，因此人数空前，竞争激烈，没两把刷子的人无法占有一席之地。于是各路英雄各显神通，有人卖美有人卖丑，有人卖萌有人卖蠢，有人用一盆水画出凡·高的画，有人用圆珠笔画出精美的素描，有人教你花钱有人教你省钱，还有各种创意无限的作品，挑战着人的心理惊奇极限。

自媒体的种类数不胜数，有人专门探讨国计民生，有人只关注娱乐新闻，有人和你谈收藏玉器，有人天天普及茶道知识，有人把自己变成博物馆，有人负责定期画漫画，还有人索性说自己有钱不快乐、不定期来个“转发抽奖1000元”……这些个人或经过包装的个人，最后都会走上商业化道路，甚至一开始就被精明地打造成商品。

自媒体上有新闻、有广告。新闻不是传统新闻，而是以个人的眼光观察到的新闻，有些跟新闻概念根本不搭边；广告也不是普通的广告，需要加入大量的个人创意，单纯的宣传转发起不到最好的效果。而自媒体立身的根本，仍然是拥有社交币的能力。

如何拥有社交币，重点在于你要给人话题、给人热点。这个热点并非新闻热点，日常生活的所有事只要足够有趣，都可以热起来。例如，有人把自家的宠物猫和宠物狗的生活点滴在网上分享，靠着萌猫萌狗成了著名的大V。这种话题让爱宠物的人能够不断交流，让不养宠物的人看着暖心，于是促成了社交币的流通。

想做自媒体，先要开拓自己的平台。你最初的社交币只有一项——**亮出你的核心价值，你才有价值**。让你自己成为某种话题，才能顺利参与流通，否则，你只是一把普通得不能再普通的货币，根本进不了大市场。那么，核心价值是什么？

请仔细审查你的所有特点，特别是别人经常夸耀的那一部分，在本人自愿的情况下，它们就是你的社交资本。

很多人说你美丽，那么你的美丽就是社交币，你可以拍美美的艺术照，可以教别人化妆，可以玩COS。总之，一切能突出你美丽的行为，都可以PO出来让人欣赏。

你爱吃？那么就拿美食做文章吧，可以经常探店，可以说说各地的小吃，可以谈谈烹饪的经验，也可以聊聊各种零食的优缺点——“知名美食博主”这个头衔不也是挺美的吗？

你爱评论，说话经常一针见血得罪人，在生活中常常会遇到麻烦，但在网络上，这就是你的社交币！只要你的点评足够麻辣犀利，就会拥有一大批粉丝，因为你言简意赅地说出了他们的心声。

你是个喜欢开玩笑的人？那么就把你的幽默细胞充分发挥出来，给别人增添欢乐吧，谁不想看到一个阳光微笑派？传递正能量将是你的拿手好戏。

你说你才貌一般，知识有限，从小到大唯一的爱好是看电视。教科书内容记不住，电视剧情节却倒背如流，好的，胥渡吧和淮秀帮等一众视频大户一定需要你的协力。

如果你有才华——真材实料的才华，那就更好办了，持之以恒地展示你的才华，无论是书法、绘画、编织、雕刻、刺绣，还是拿废旧打火机做出变形金刚，有才华的人永远都不会受到冷落！

总之，在社交币制度下，核心价值决定了基本的传播规模。当然，想要这份价值被更多人接受，有时还需要加以适当的推广策略，有时也需要几分运气。

社交币的多寡需要用平常心看待，不要一开始就想着红透半边天，也不要因一时的大红大紫就骄傲自满。

社交币是无形资本，来得快去得更快，想要保持，还需在提高核心价值上下功夫。要记住，**没有人会十年如一日地看你装疯卖傻，却有不少人愿意几十年如一日地欣赏你的匠心独运、才华展示、智慧传播**。

形象本位：从网红模特到淘宝店主

寻找商机的人都不难发现，粉丝经济正在崛起。共享时代催生了网络红人，人红粉丝多，年青一代的粉丝大都有市场头脑，明白爱TA不能默默放在心里，而是要拿出人民币。于是，先做网红，再开网店，已经成为很多人的创业新思路，可惜有些人还在网红们制造的热闹中哄笑掏钱，不知道自己也应该尽早参与进去。财富只给有头脑的人，此言非虚。

让我们看看网络红人有哪些：标准的网红往往以相貌为卖点，甚至派生出一个专有名词“网红脸”。网红的世界无限大，搞直播的，唱Live的，打电竞的，写段子的，拍照片的，做视频的，搞艺术的，360度无死角分享人生经验的……可谓形形色色，而且，人的审美没有一定之规，做什么都可能有出路。

当分享达成规模，这些人就成了大额社交币的持有者；有了粉丝支持，社交币就有了变现功能。有些人一开始就与收费平台挂钩，接受粉丝的打赏和献礼，与平台按比例分账；有些人则在走红后开始为变现而努力，最常见的做法是做广告，或者干脆自己开一家淘宝小店，把粉丝变为顾客。

他们卖什么呢？五花八门。有些人做起了代购，有些人在卖家乡特产，有些人在卖饰品，有些人在卖衣物，有些人在卖零食，有些人在卖玩具，有些人在卖手作，有些人在卖自己写的书和画……在二次元通往三次元的道路上，只要坚持货真价实，粉丝们都会给偶像面子，让他们增加一笔收入的。这些红人们的变现关键，就是自己打造的形象。

让我们来看看网红小A是如何走上成功之路的。作为一位年轻又有中等相貌的青春90后，她首先学会了化妆和P图。在这里必须澄清一大误会，千万不要以为网红都是靠整容的，好好的小姑娘只要相貌还不错，谁也不会在脸上乱动刀子整容！至于你看到的清一色的小脸、红唇、大眼、吹弹可破的肌肤，那是美女们公认的美妆美颜目标，大多靠化妆品和美图秀秀就能够达到。

小A也经过了一段随波逐流的日子。看到别人做化妆教程，她也传上一个；看到别人拍童话写真，她也拍了一套；看到别人开直播秀场，她也试了几天；看到别人做硬照模特，她也投了简历……可是，小A在镜头面前拘谨，不适合录像教程，更不适合实时直播，她洋气的外表也不适合卖萌搞童话，想做模特又因太大众脸而没有优势，所有的尝试都换来了一些点击和粉丝，但所有的尝试都距离“走红变现”这一目标很遥远。

倘若小A还有一些附加的技能，也可以为自己加分。例如，倘若小A会写文章，那她就是位美才女，值得一炒；倘若小A会摄影、爱旅行，她可以做个像风一样的女子留下美的传说；倘若小A是个学霸，她可以参加“一站到底”

之类的节目，或者甩甩自己的学历证书，缔造一个学霸美女的辉煌传说；倘若小A能把饭做得花样百出，她可以为自己弄一个“最值得拥有的女朋友”头衔……或者最大众的，美女设计服装，开创自己的服装品牌，让粉丝一起分享美丽。可惜，这些小A都不怎么精通。

小A还可以考虑签一家公司。如今这类公司也正在兴起，提供包装推广等一系列服务，免得你陷入“单打独斗”的境地。公司会一步步指点小A该如何定位自己，例如，应该拍什么样的照片，发照片的频率该怎样，应该尽量使用哪些奢侈品牌，应该如何引导粉丝接受自己的形象，也会适当地安排走秀和现场活动，进一步扩大小A的人气。但公司都不太正规，有时只管签不管培养，小A不太敢信任。

某一天，小A福至心灵，她发现网友们最爱夸的是她那两条大长腿，她平日最自豪的也是那两条又直又细又有曲线的腿，她决定抓住这个重点做文章——别误会，她不是要卖减肥药，而是开始聊运动、健身、护肤类话题，含蓄地引导网友们“如何才能拥有这样的美腿”。这一招果然十分奏效，在美照、聊天和饮食运动分享的多管齐下之下，小A的粉丝越来越多，人们称她为“美腿姐姐”，把她当作都市健康女性的代言人。

代言人的形象店筹备了一年，火爆开张。包括运动服、运动内衣和简单运动用具的小店设计得很体贴，还有满100包邮和满200赠送定制形象毛巾活动，小A还找了专门的画师，设计了美腿Q小A形象，印在运动毛巾和运动水杯上，以低廉的价格卖给粉丝，薄利多销。最近，她还接了几个运动品牌的代理。

以上就是网红小A的经营之道。

让我们总结一下小A的经验。可以肯定，**网红经济的重点是形象，形象社交币的持有者卖的就是自身形象**。分享基于形象，这个形象必须有特点，而且要制造卖点，让粉丝有可以说的，还有可以买的。

当然，网红经济有个软肋，就是社交币价值过分依赖于个人形象，从而造成了“成也形象，败也形象”。一旦形象上有瑕疵，例如，倡导瘦身的变胖了，倡导纯爱的劈腿了，倡导真心真意做微商的出了质量问题，掉粉也是分分钟的事。

还是那句话，社交币本位代表了一种社交制度，这个本位有时可以由你个人选择，一旦选择就要遵守它的默认规则，例如粉丝对你的苛刻要求和严厉指责。当你想拿个人形象创造财富时，就必须有随便他人指指点点的自觉，以及接受维护形象的基本义务。

另外，网红的道路看似风光，实则竞争惨烈。请细算这样一笔账：把同样的精力放在工作上，你需要面对的是公司里十几个或几十个竞争者；把精力放在网络上，你需要面对的是上千万个竞争者，哪个胜算大？所以，**如果精力有限，请尽量把网红当成副业**。

概念本位：要打造就打造出一个名牌来

想必你听过这样一句话："最高级的商人卖的是概念。"什么是概念呢？不要以为概念只是对某一事物的定义，它的外延非常宽广，内涵更是丰富。举个简单的例子："香奈儿"仅仅是一个牌子吗？不，它不仅代表了一个概念，更代表了一种独特的女性生存方式，包括美丽、优雅、平等、奢华等内涵。无论是香奈儿的香水，还是香奈儿的提包，或是香奈儿的服装，都能让女性感觉到自身魅力的提升。只需要一个简单的logo，就能由里到外提高一位女性的品位，这就是概念。

概念能让事物的价格成倍上涨。同样一件衣服，打上名牌logo和打上小品牌商标，价格就会天差地别。当然，这里并不是鼓励大家山寨高仿品去卖假货，而是请大家擦亮眼睛看清现实：概念就是这么牛！我们不妨学一学高层次技术，要打造就打造一个名牌概念出来。

首先可以肯定，名牌本身就是社交币。你把最新上市的苹果手机放在桌子上，大家都会多看几眼，问问你价格、功能、使用感受等，以作为自己是否购买的参考。这只是社交币的最浅层次用途，也说明在诸多话题选项中，最能引起广泛兴趣，最不容易被冷落，最有市场也最受欢迎的就是“牌子”。

换句话说，如果你持有的社交币有某种“牌子”效果，你就拥有了个人概念，这让你看起来比他人更高端、更有内涵、更有档次、更值得一看一转一赞甚至一买。而且，“牌子”带有某种固定性，让他人的印象更加深刻，谈论更加持久，传播也就更为广泛。

这是“牌子”的显著优势。人们谈论的大多数事情都具有临时性，他们会说起今天吃过饭的餐厅，今天看到的电影或视频，今天听到的娱乐新闻。而这些只带来一时间的传播效果，“这个很有趣”，于是在一天之内传遍你的朋友圈。可是，过了十天半个月，谁还记得这件事呢？**但人们不会忘记你使用的某个“牌子”，这是一种永久性的口碑。**

如何制造个人牌子？首先是要有新颖的概念。概念不是文字游戏，但却少不了文字上的刻意修饰。“绵绵冰”这个名字显然比“冰激凌”更让人印象深刻；“居家格调”比“家里的摆设”更让人有好感；“尊享套餐”比“套餐1”更让人有成就感……总之，名字忌土、忌俗、忌大众、忌长得没特点，所以，一定要给你的概念起一个令人耳目一新的名字。

说一个著名到众所周知的例子。网络上美女扎堆，今天一位西施，明天一位天仙，后天一位校花，大后天一位X千年美女，诸如此类的新闻从来没有断过，但我们对哪位美女的印象最深刻呢？无疑是笑容清纯的奶茶妹妹。她能够一直领跑各路美女，关键就是最初的照片上，她手中捧了一杯奶茶，以及由此而来的绰号“奶茶妹妹”。

这是典型的概念制造。美女校花太多了，以至于人们看看便忘，很少对她们的脸留下特别的印象。为小美女加上一个特别而平易近人的形象定语，既大众化又符合她的气质，于是人们一下子就记住了这个名字。是啊！我们经常喝奶茶，这位小美女看着漂亮又有气质，还很有温暖的内涵，又甜又暖可不就像是一杯奶茶吗？不得不说，这个概念造得真是很妙。

然后就是营销环节。请好友转发，买水军宣传，或者请营销公司当策划，这些都取决于你的经济条件。炒作也要有重点，先炒概念再炒产品，概念广为人知，产品不愁销路。不过，可要注意你的“产品质量”，群众可不是傻子，他们接受了你的概念，拿到产品却发现货不对版，你和你的概念就全部会沦为笑话。

说个过度卖弄概念的反例。若干年前，“纳米”这一度量单位走进了人们的视野，一纳米就是十亿分之一米，别说肉眼，普通的放大镜都不可见。

然而，这个词飞速被大量商家使用，化妆品工厂吹嘘他们的产品“使用最先进的纳米渗透技术，百分百渗透至您的皮肤”；塑料厂打出广告说“此水杯由纳米技术制成，安全无菌”；鞋垫商人说“此鞋垫使用纳米级竹炭纤维，防湿效果显著”……厂家和顾客其实都不太理解什么是纳米技术，但这个概念却马上令平淡无奇的产品的形象高大起来。

可是，时至今日，你听说过有什么样的纳米产品成了真正的口碑产品吗？一个也没有。**概念不是想卖就能卖的，若是名不符实，很快就会被淘汰**。名牌制造也和所有商业成功一样，不能好高骛远，应该踏实一点，这样积累起了足够的口碑，你才能展翅高飞。

群组本位：
先小规模定位，后大规模扩散

“把蛋糕做大”曾经是一个相当流行的理论，由此还衍生了如何分蛋糕、如何切蛋糕、如何推销蛋糕等一系列相关理论。国家想要做大市场，企业也不例外，个人也是如此，可惜多数人眼光太高，不看脚下，最后不但蛋糕没做

成，还赔了鸡蛋和面粉。这就是市场给人们的惨痛教训：**不懂定位，一味好高骛远，肯定只会栽跟头。**

网络时代也是如此。谁能一下子成为转载以百万人次计的大V？谁能各个方面都插上一脚、露上一手、样样走红？就算社交币满天飞，你也只有两只手，若是漫无目的地乱抓，又能抓到多少呢？所以，想要得到社交币，就要清楚自己的定位，自己发布信息的传播人群，只有确定了受众和人群，才能有的放矢，让社交币在明确的小范围内迅速积累。

现在我们请出刚当上妈妈的幸福的C太太来为我们示范应该如何实现群组定位，以及在群组本位的策动下，自己应该怎样走上规模化、普及化、高端化的康庄大道。

两年前，C太太被公司裁员，成了一名待业主妇。她自己算了一笔账，与其找薪水不高的新工作，不如做代购。她住的城市去香港很方便，她还有不少久居外国的朋友，所以她要是做代购，条件是允许的。于是C太太开始张罗自己的小店，她的梦想是远大的：帮都市女性打造高端生活品质。女装、包包、女鞋、饰品这些东西不在话下，她还要吸纳国内有个性的设计，给小店增光添彩。

但现实是残酷的。每一位都市女性的收藏夹里的代购店不知有多少呢，C太太根本没有什么优势，在经历了赔钱等一系列打击后，C太太决定暂时当一名全职太太，专心顾家生孩子——她怀孕了。怀孕的她暂时关了网店，天天泡在一堆宝妈群里研究哪个口服液好，哪个牌子的鞋子舒适，哪种奶瓶最安全。听说C太太代购方便，所以经常有孕妇请她帮忙代购。

C太太在一群关心下一代健康的孕妇中找到了商机！她意识到，与其做一个定位不明、什么都卖的女士精品店，不如只瞄准一小部分人群。于是她很快开了自己的微店，专门和宝妈们共享奶粉、尿布、玩具、儿童车之类的信息，并分享她的孕期日记。靠着良好的口碑和亲身带动的作用，找她代购、向她咨询、直接找她订货的人越来越多。

由此可见，群组意识是寻找潜在客户的学问，把人群分类、定位，确定他们的主要需要，或者根据服务类别定位人群，专门针对他们定制广告，这些都需要你对自己、对他人、对市场有一个明确的认识。**群组分类代表定位的准**

确，好的定位是成功的一半。

群组定位告诉我们，只有从小处着眼，把小规模做好，才能开展大规模。对于一个小超市来说，它不应该考虑如何让自己的商品走入千家万户，而是应考虑如何击败社区的其他超市和便利店，成为本社区居民的头号考虑。这时，它可以利用网络，让居民足不出户就能在半小时之内在家门口看到自己需要的商品，包括调料、卫生纸、灯泡、充电器、零食、大米、塑料盆……这才是网络时代开展业务的新思路。

每个人都应该有群组意识，认清你所在的大环境、小环境，才能真正寻找到商机。有人觉得当一个“宠物保姆”，专门帮那些外出的人照顾宠物，让宠物们不必忍受宠物医院和寄养店里拥挤的环境，让主人安心——这是个不错的思路。可是，你确定你所在的街道有那么多宠物吗？如果你不是住在一个密集的大型社区，你能接到多少订单？

想获得群组意识，还必须摒弃异想天开的发财梦。不要幻想着一步登天，即使网络上经常出现突然走红的例子，但那也只是几亿甚至几百亿分之一的概率，你确定你能碰到这么小的概率？

群组意识则能大大提高你的命中率。一个团体的目标大于四处游走的散户。有个现成的例子可以让你警觉：凡客诚品在辉煌时代曾经涵盖男装、女装、童装、鞋、家居、配饰、化妆品等种类，终因规模太大而后续无力，CEO陈年及时止损，开始专注于做衬衫，终于保住了一线生机。切记，你的立足地往往只是一个小小的群组。

知识本位：
变革表达方式，让知识生动

知识是什么？知识是人生进步的台阶，是素养，是财富，是创意的来源，是职场晋升的根本。文盲没有出路，有知识才有前途，这是几百代人的共识。所以，如果你的社交币的根本价值在于知识——注意，是真正的知识，而不是那些五迷三道的鸡汤和真假难辨的伪科普，更不是供人一笑而已的段子——你就拥有了一笔“硬货币”，很难缩水。

可是，你以为“硬货币”就一定能轻易脱手？你在中国的路边摊掏出一张一美元的纸币买一瓶矿泉水试试？恐怕没有人会卖给你。

既然是货币，就有一定的流通市场和流通规则，社交币也一样。知识性社交币有市场，却未必畅通无阻，决定其流通性的是它的形式。换言之，如果你这位持有者制造的知识币不符合大众的阅读口味，它就只能在小范围内流通，甚至完全不流通！你也许会喊冤道，这可是货真价实堪比真金白银的知识啊，怎么会不流通呢？

有力气喊，倒不如了解一下当代人的阅读口味，去重新组织一下知识传播语言呢。

现代人的阅读口味究竟是什么样的呢？大多数现代人都很忙，忙完工作还要忙加班，忙完加班还要忙生活，所以在个人的时间分配里，阅读比重在不断下降。不过，这并不代表他们不需要阅读，相反，他们希望通过阅读来舒缓一下紧张的神经，放松一下焦虑的情绪，找一点年幼时的温暖和年轻时的感动。这也决定了多数人希望看到的是轻松一点、不用费太多脑细胞就能看得懂的读物。

这不代表他们不挑剔！他们也会骂脑残小说，也会挑诚意作者，他们也有阅读要求。他们希望读物的内容不幼稚，最好有点高深成分，换言之，**作者写的文章、出版的书，内容最好能直接成为他们的社交币，让他们即时应用到生活中，给个人魅力增光添彩。**最起码也要让自己多懂点知识吧？但他们没有那么多时间去啃教科书，他们希望作者把知识由教科书转化为故事书、图画本，甚至笑话书，让他们轻轻松松地记下大量的知识。有难度？当然！这年头做什么事情都需要动脑筋。

于是，“新型教科书”正在成为主流，此类书籍以高端的内容与浅显的文字，平易近人地展示了各种知识，它的核心是摆脱单一和刻板，让知识变得生动。这也是每一位想要制造知识社交币的人应该具备的技能。

现在，让我们走进图书市场，看看那些堪称样板的成功的知识社交币的走红之路。

某一天，你突然对明朝历史产生了极大兴趣，从朱元璋到朱由检，200多年的历史留下了多少故事，值得我们回味。但是，你愿意看一看这套332卷的《明史》吗？此书记述完善、语言简洁，是后人评价颇高的一部著名历史著作，也是研究明朝历史的第一手材料……什么？你说你没有这个时间？

好吧，想必你适合看这套书：风靡了近10年的《明朝那些事儿》。这本书以史料为基础，以小说的笔法去写明史中的大事要人和大大小小人物的生活，而且作者语言幽默、且说且评，还掺杂了不少历史知识。现在，你是不是觉得读明史简单了、有趣了？

《明朝那些事儿》的成功，正说明了当下人们的阅读口味。**人们渴望知识，又渴望捷径，还渴望趣味和分享价值，所以，知识也需要有一个适合的形式，才能广为传播。**不是说传统知识没有市场——传统知识永远不会退场——而是大众更喜欢、更欢迎平易近人的知识。

知识的表达方式越来越多样。除了语言浅显的各类科普书外，还有与幽默漫画相结合的书，与纸质模型相配套的童书，与光碟一起出版的课堂类书籍……当然，知识的传播不只靠书籍，你能想象到的一切场合，都有知识币的出现，你的微信、微博、邮箱、视频网站里，各种各样的知识在供你选择。你会选择什么？当然是那些最丰富、最有趣的！

想把自己掌握的知识变为社交币，你需要做好两件事：

1.为知识选择一个最好的形式。可以是文章、图片、漫画、小说、闲聊、歌曲、视频等一切形式，关键在于新颖直接，让人能够轻松接受；

2.切忌哗众取宠。没有人喜欢拿到一个包装精美的盒子，拆开一看却是过期饼干。如果你要讲述常识，请尽量多收集、多比较；如果你要讲述冷门，请尽量详尽准确；如果你要普及某个观点，请尽量有理有据。

总之，知识社交币要最大限度地提高其分量、避免其硬伤，才能顺利地流通。

粉丝本位：拥有一千铁杆粉丝，就能过上安稳生活

美国《连线》杂志主编凯文·凯利在他的《技术元素》一书中说：“我并不知道养活自己所需的实际铁杆粉丝数量，但我认为，一位专注的艺术家能够培养1000名铁杆粉丝，并且通过新技术获得粉丝的直接支持，从而过上安稳的生活。”在互联网背景下，这句话经常被简化为：**“拥有一千铁粉，就能过上安稳生活。”**

1000这个数字究竟夸不夸张？其实它真的刚刚好。如果有1000个人对你的自媒体平台持续关注，并愿意直接“打赏”金钱，那么只需要每人每年给你

100元，你就拥有每年10万元的固定收入，肯定能够保障你的基本生活了。若在二、三线城市，这甚至可称得上是小康了。而且，1000这个基数看着小，却有着不容小觑的传播力，1000个人倘若每个人有10个朋友，你就拥有了潜在的1万点的传播货币，再加上朋友的朋友——只要内容得当，你甚至可以靠这1000个人实现信息疯传。

粉丝经济早就已经起步。在粉丝经济高速发展的当下，重视粉丝喜好，根据粉丝要求调整形象和发布内容，也成了保证人气的不二法门。如果你完全按照粉丝的喜好来设计自己的出路，你很快就会发现无路可走。一部分粉丝喜欢你的幽默，一部分粉丝希望你更加严肃，一部分粉丝希望你只写段子，一部分粉丝希望你别打广告……粉丝的基数越大，越有众口难调的无力感。

更可怕的是，一旦你按照某些粉丝或市场的要求包装了自己，你未必能一帆风顺地走红，你会发现网络上有无数个同种型号的“类产品”，按照大众口味包装，尽量说粉丝想听的话，按照粉丝的喜好表态，甚至经常让粉丝投票决定自己的走向……这样能够留住粉丝吗？在一定时间内，确实可以提高粉丝的忠诚度。但你一旦出现了空档期，粉丝就会外流——可以替代你的人太多了，他们随时都可以粉另一个，而把你遗忘。你为了粉丝的喜好，抛弃了自己的核心价值，最后终会被他们抛弃。

但我们依然要重视粉丝。**社交币的价值来源是什么？形象价值。社交币的变现基础是什么？粉丝。**如果说形象是社交币体系的骨骼，粉丝无疑是它的血肉。在绝大多数时候，社交币的现实价值只能通过粉丝实现。热点哪里来？评论、转发、点赞，这是粉丝的功劳；价值哪里来？分享、分享、再分享，这是粉丝的宣传；现金哪里来？广告、周边、收红包，全靠粉丝的奉献。难怪有人总结：粉丝就是王道。

一个只有300粉的新社交形象和一个有300万粉的资深社交形象有什么不同？哪怕前者比后者更有能力、有想法、有素质，人们依然只会盯着后者看，广告商也只会找后者谈生意。后者想要进行社交币变现可谓轻而易举。前者呢？即使发动众筹恐怕也没有多少人愿意理会。这就是粉丝经济的现状。

所以，具备粉丝思维成了社交币成长的一大关键。这个关键有两个层面的含义：一是保住老粉丝；二是吸引新粉丝。前者关键在于提高粉丝忠诚度，这也是社交币保持活力的关键；后者关键在于扩大传播范围，是影响力发挥作用的根本所在。

保住老粉丝需要从自身素质上下功夫，包括保持个人特色，不断提高自身能力，不要让自己的平台广告泛滥，要有作品、有话题。总之，一旦粉丝有了一个基数，你的形象就能因此稳固。**只要避免以下三种情况，就不会大规模掉粉，这三种情况是：突发性不可逆丑闻；持续性无营养广告；100天以上不更新。**

吸引新粉丝更为重要。有老粉丝做基础，新粉丝随之而来，但基数有限，无法靠老粉丝介绍大规模新粉丝。想要加大吸粉力度，要靠自己想办法。而那种没有老粉丝想要从零吸粉的人，更要在策略上下功夫。

吸引粉丝策略有赠送、红包、抽奖，主要是靠一些实惠措施鼓励用户前来体验；还有话题、宣传、活动，主要靠刺激用户的好奇心，鼓励用户的参与感；还可以靠与其他平台联动扩展粉丝群，或者借热点来吸收新粉丝，这也是营销的一部分。这些策略，老粉新粉皆宜，只看你能不能用在合适的时间和地点。

吸引粉丝的根本是有趣、有料或有用。还是那句话，内容是王道。给钱不如免费，强迫不如自愿，只有粉丝自愿传播，才能真正形成规模。自愿的根本就在于消息本身能够打动粉丝。在趣味、专业和用处上狠下功夫，做一个“三有自媒体”，才能保证社交币的成长。

另外，不必总是想着开发一款专有APP来吸引粉丝，利用现有平台一样可以达到良好的宣传效果，还能节省开发资金。小米手机曾把QQ空间作为宣传平台，取得了出人意料的成功。

现有的微博、QQ、微信等平台，可以让绝大多数自媒体或厂商当作展示平台，用户也习惯使用这些工具，而不是花费时间重新下载一个未必好用的软件。在没有大笔固定资产之前，建议不要冒险搭建自我平台。

从众心理：越被大众关注，越容易得到社交币

网络时代，只需复制就可分享，只需转发就可传递，社交币的流通一刻不停，人们的喜好也没有一定之规，什么样的社交币最受欢迎？什么类别的社交币价值最持久？想从他人那里获取资本，不论是人民币还是社交币，你都要首先提供自己的资本（商品或者社交币）。那么，什么样的社交币多快好省，最容易达到开门红效果？

建议你学习一下大众心理。其中，从众心理是你应该死记硬背的知识点。

让我们从一位很有话题热点的歌星开始这个话题。据说歌星萧敬腾自带降雨功能，他在哪座城市开演唱会，哪座城市就会下雨，概率大得离奇。于是，萧敬腾被大家封为“雨神”，特别是烈日炎炎之时，人们恨不得他多来本地开几场演唱会。

以上是前提，分析马上开始。

问题1：“雨神”是真的还是假的呢？

答案1：这重要吗？在这本讲解社交币的重要性的大众科普教材中，一切都以社交币为标准，“雨神”这个称号是多么典范的社交币样板啊！它成功地让不知道萧敬腾是歌星影星男星女星的广大群众统统记住了他的名字。你还能找到多少个相似案例呢？寥寥无几。

问题2：这是封建迷信吗？

答案2：你为什么要这么认真呢？在一个娱乐至上的时代，人们说“雨神”，一半是好玩，一半是跟风，根本没有人会当真。难道你以为气象台会根据萧敬腾的行程发布天气预报吗？上班上学的人会根据萧敬腾开不开演唱会而决定带不带伞吗？要真认为是那样，就太小看广大群众的智商了。

问题3：这是炒作吗？

答案3：截至今日，还没有人宣布对这件“炒作”负责，客观地说，这也许是“巧合+宣传团队疏导利用”，这种对舆论的巧妙利用不会引起人们反感，还会给当事人带来更大的名气，深得社交币传播的精髓，值得大家深入学习。

问题4：为什么那么多人支持并愿意转发这一称号？

答案4：因为从众心理！请记住这个词：从众心理。简言之，就是大家看什么我看什么，大家说什么我也说什么。再简言之，就是我要凑！热！闹！

问题5：如果我从众，会不会显得很没有个性呢？

答案5：只知道从众，当然没有个性；很有个性，偶尔从众，那就叫作接地气。

问题6：我也可以把自己变成雨神吗？

答案6：不可以。拾人牙慧是得不到广泛认同的。

问题7：从众心理和社交币的关系是什么？

答案7：**社交币的获取来自大众传播，越能打动、感染、吸引、刺激大众的信息，越容易得到大众的关注，也就越容易得到社交币。**这也是我们需要了解从众心理的根本原因。

问题8：如何保证既从众又不“泯然于众”？

答案8：走在众人最前面，或者保证自己鹤立鸡群，要足够独特。

问题9：如何利用从众心理？

答案9：第一，要了解大众的喜好，不要跟生活脱节；第二，选取突破点，注重创意；第三，制定宣传策略，扩大影响；第四，跟进宣传，增加宣传方式，防止后续无力。

问题10：我不想看术语，不想听长篇大论，请你说得简单一点！简单！

答案10：如果有一天你不知道自己该说什么、该写什么、该画什么，就聊一聊大家都关心的热点，这准错不了。

团购、众筹、打赏、红包……社交币变现的背后是什么

任何货币都代表信用，社交币也一样。**社交币代表了信任，一旦挥霍了信任，形象就会破产。**所以，即使你手中有大量社交币，也不要沾沾自喜，以为自己有了多么大的影响力，幻想着组织一个团购活动就能抽几成佣金，随便弄个众筹就能凭空得到一笔启动资金，靠粉丝打赏就能凑出一个月的月供，靠过年抢红包就能再添一个家用电器——这些不是不可以做，而是不能随便做。想要使用社交币，首先要保证社交币有价值！

先来看看某位明星先生的负面营销案例。

L先生是个通杀老中青三代的帅哥。早在80后还在咬着钢笔偷偷写情书的年代，他就已经红遍了大江南北。凭着他永远年轻的脸，凭着他对跑车的爱好，也凭着他陆续出演的一些知名电视连续剧，他一直未被人遗忘。而且，他的长相也确实令人羡慕，20岁时他很帅很年轻，30岁时他很帅很年轻，40岁时他仍然很帅很年轻，就连不是他的粉丝的路人也惊呼道：真是逆生长啊！

"一个永远不会老的帅哥"，简直是现成的卖点，L先生的团队抓住了这个机会，媒体也跟着推波助澜，逆生长帅哥形象深入人心。翻翻几年前的网上帖子，有哪个网站的编辑不曾拿L先生当过话题呢？大家或者夸他心态好，或者夸他有头脑，或者夸他低调不炫富，或者干脆拿他和同龄男星作对比，从而得出了

一个“人生赢家”的结论……L先生的粉丝也在庞大基数上依然在不断上涨。

此时的L先生左手有话题，右手有粉丝，一举一动都是社交币，是该给话题一个流向、给粉丝一个表达感情的机会、给社交币一个具体数值了。于是，L先生向大家宣布，他要成立一个研究机构，专门研究逆生长的秘密，并推出一款产品，把年轻与美丽分享给大家。

于是L先生在自己的微博上打出了数篇软广告和硬广告；

于是L先生穿着白大褂拿着试管，自诩为“Dr.L”；

于是L先生和另一群穿着白大褂的所谓“研发人员”合影，以示专业；

于是L先生很快推出了这款产品，这是一款胶原蛋白口服液，定价为人民币1080元；

于是L先生喝着刚刚出产的口服液继续拍照宣传，陆续有人怀着信任或好奇买上了一盒，结果被人戏称为“智商逆生长”……

事情发展到了这一步，人们对L先生的印象已经有了转变，这位看似阳光的娃娃脸帅哥太会狮子大开口，究竟什么秘方一下子要价上千元？以打假为使命的F先生毫不留情地揭露：什么逆生长的秘密，成本不超过4块钱！并同时揭露了L先生的公司注册有问题，还公布了和L先生联合的厂商生产的商品的成本。

L先生猝不及防，连忙发公告表示产品正规，但在证据面前，粉丝也有自行判断的智商。一系列打假随即而来，包括“胶原蛋白能否美容”的科普、“胶原蛋白值多少钱”的估算，还有对L先生历年来辉煌履历的质疑……L先生的完美形象如多米诺骨牌一样倒塌，粉丝们也迅速从衷心热爱变成路人观望状，至于那款昂贵的逆生长饮品则以最快的速度销声匿迹了——反正不会再有人买。

因为这件事，L先生的事业跌停了一段时间，后来才借着某亲子节目，重新走回了人们的视野。他的粉丝仍然很多，可是，今后他不论再推出什么样的产品，高端大气上档次也好，低价平民接地气也好，恐怕都会遭到“又是糊弄人”的质疑，谁能相信一个把4块钱卖到250倍以上的人呢？

如今L先生的粉丝依然有几千万，但他想通过粉丝直接实现变现，恐怕是难上加难，因为他的社交币的直接变现功能几乎完全丧失。失去一次信用，旁人恐怕永远都无法再相信你，即使你用不知多少倍的努力去弥补。早知如此，不如真诚一点、踏实一点，靠作品而不是靠炒作说话。

每个人的社交币都需要信用值。绝大多数人的网上社交都开始于熟人的小圈子，这个圈子有一种天生的信任感，人们很自然地相信老朋友、老同学、身边的同事和家里的亲人分享的东西一定有质量，他们说哪一种药品有效，我们就会下意识地记下牌子；他们反馈哪种洗发水去屑快，我们就会到超市去买上一瓶；他们说哪一种食品更天然，我们也会考虑为厨房添上一些……比起三句话不离吹嘘的广告，我们更相信熟人的口碑！

但反过来想，一旦熟人开始打广告，还可信吗？这就涉及社交币的信用值问题。朋友圈的社交币信用值暴跌的重灾区是哪里？面膜。当某些人利欲熏心地向自己的朋友们推销三无产品后，整个朋友圈和微信商圈的信誉都面临着危机，人们再也无法轻易相信熟人们的推荐了，因为谁知道这中间究竟有没有利益关系呢？如果熟人当了微商天天推销，就更要小心谨慎。

在这种情况下，我们更要重视信誉的价值。不论我们的卖点是什么，关键是态度。一次造假，你在朋友圈的信用度就会下跌到谷底。“他卖假货。”“他写伪科普忽悠人。”“她人品有问题。”只要有一个人熟人说出类似的负面评价，你就再也摘不掉“杀熟”的帽子。记住，**保持信用是社交币坚挺的秘诀**。

个性化腾飞的时代：个人定制正成为主流

世界上最昂贵的服装是什么牌子的？对不起，这种衣服没有牌子，在老巴黎、老伦敦的一些门面不大的裁缝店里，追求卓越品质的男士、女士会请裁缝量身制作，每一厘米布料都要符合他们的身体曲线，以追求最大限度的舒适与完美。最重要的是，不撞衫！就连脚下的鞋，也可以根据自己的想法，由优秀鞋匠亲手磨皮、手工缝制，兼顾奢华、舒适与美丽。

从古至今，只要经济允许，谁不想走高端定制的道路呢？把自己的创意结合工匠的巧手，制造出独一无二的物品。这种个性化的要求从未减退，想必你也有过这样的经历：想拥有一样东西，别具一格，谁也没有。还有什么东西比发自内心的个人设计更加独特呢？这就是个人定制品始终盛行的原因。

共享经济带来的不只是每个人的分享，还有个性化的腾飞。个人定制也逐渐越过往日的门槛，覆盖范围越来越广，走向千家万户。现在，你可以随意在个人物品中加入自己的构思——大商家还没有完善这一类服务，淘宝小商家们占了先机，他们愿意满足你的设计癖。

就拿我们每个人都要使用的布料来说，随着喷印技术的发展，你可以将自己的照片印在T恤上，可以把最喜欢的图案印在桌布上。曾有一位聪明的妈妈把年幼的孩子的涂鸦排列起来，用童稚的图案印了一套床单，放在微博上，结果得到了不少赞誉。这个时代既鼓励个性，又欣赏个性，还正在用先进的技术为个性服务。

你是否发现，个人定制正在悄悄成为主流？举个最简单的例子，现在，你还愿意用市面上卖的普通手机外壳吗？是不是更喜欢去网上选一款图案，然后自己进行个性定制？或者干脆用木刻、用水钻、用奇怪的图案来打造出自己的个性？个性化正在逐步主导你的生活，聪明的商家早已开始了行动，你有没有得到启示？

个性化与社交币有什么关系？关系很大！个性化正在成为大潮流，社交币也早已围绕着它产生作用。而你喜欢的偶像天才UP主，哪个不是个性十足？就连你最近着迷的那个芝麻狐漫画，也靠着不拘一格的人物和古今结合的画面撑起一片了艳阳天。是的，你的关注就是对个性的肯定。所以，形势要求你不要拘谨，而要尽情释放自己的个性。

抓住这种潮流，你需要稍微更改一下自己的宣传模式，先不要想如何让自己看起来有个性，因为强扭的个性很快就会变成拗造型，那是装的。首先你要想一想如何尊重他人的个性。例如，当你与粉丝交流的时候，别再拘泥于个人喜好，而要接受各种各样的建议，理解各种各样的想法，因为那都是别人想表达的东西。切记，你尊重他们，就能获得他们的尊重。

个性化必然会带来多样化，这就要求你必须尽快提高自己的内涵，使自己表达的方式和内容更加丰富，从而照顾到不同的受众心理，让他们有机会产生被理解、被照顾的“定制感”。

如果你是商家，你还可以提出个性化服务，依照顾客的个性，为他们定制相应的产品，并提供更加人性化的售后。

下面，我们总结一下现阶段定制服务的形式，供大家参考：

1. VIP会员制

这是历时最广、应用范围最普遍的营销手段。具体做法就是，为商品设置一定的门槛，只有符合条件的人方能参与定制，方能享受到限量的商品、更低的折扣、更优的服务。

VIP可以促进人们的消费欲，人们能够为达到某个额度而消费本不在计划之中的金钱。例如，航空公司会赠送VIP服务。有些人会为了达到指定公里数，多飞一些路程，而他们得到的奖励有时是一次免费航程，有时是候机室的尊享座位——远远没有收回成本，却得到了心理上的满足。

有头脑的宣传者会注重“资深粉丝”的培养，给他们特别的福利，让他们更愿意为自己付出心力。社交币持有者不必对分享者“一视同仁”。在广泛的基础上加以限制，推出特别内容，让关注者产生竞争心理并追求VIP待遇，便能获得更多的推荐和点赞。

2. 互动式设计

在共享经济条件下，社交币有双向性，每个人都想要参与感。不论粉丝还是顾客，都不想继续扮演传统的“接受者”角色。在传统氛围下，他们只能接受别人的想法和设计，没有机会提出自己的意见，无法发挥自己的个性和价值。如今，他们可以通过各种方式与产品设计方沟通，提出自己的意见。当这些意见发布在公共平台上，甚至会引起不小的共鸣。

设计者也变得精明起来，他们经常会盯着粉丝或购买者的反馈或提议，其中有不少是设计师没有想到的好主意。这些主意被采纳，不需要金钱奖励，提供者就会心满意足——当然，他们也得到了为数不小的社交币。把设计变成交互式，甚至专门推出粉丝设计款，都是产品定制的改革，这种措施能够保持用户的忠诚度，让他们始终有“我是这个产品的主人”的参与感。

3. 限量

相对于满大街行走的“爆款”，人们更希望有一套“限量款”，限量款未必是最贵的，却肯定是最少的，能够最大限度地满足购买者和使用者的虚荣心。倘若一件定制品只有50件，就会让购买者产生“全世界/全中国只有50个人能拥有这个东西，我是其中之一”的满足感与自豪感。

不少淘宝商家会定时推出限量版产品，人们看到“限量”，就会产生购买欲望，秒杀不成功的人始终惦记。当他们不断求购限量产品时，品牌名字就会不胫而走，更多人因此关注了这一品牌的商品。限量品必须要有特殊价值，或者工艺上与众不同，或者制作上别出心裁，否则，它就只是一个概念，而缺少流行的资质。

限量的最高端策略叫作“饥饿营销”，这经常会被精明的商家所使用，我们将在第六章详细说明。

4. 个性配置

个性配置把购买者或使用者的爱好放在首位，提供了更多的选择，让每个人都能找到适合自己的一款。如同手机里自带的各款壁纸或手机自带的彩色外壳，你能提供众多的选择，就会有更多的体验者前来挑选，有时候他们还愿意多买几个。

个性化是时代的主流，尊重他人的个性，站在消费者的位置上思考，才能做出真正人性化的产品。但要谨记的是，太过强调设计者自我个性的产品易流于小众；而一味把客户爱好放在第一位、永远跟着客户审美走，往往又设计不出出彩的好作品。只有在“客户要什么”和“我要创造什么”之间找到很好的平衡点，才能摩擦出不一样的火花，做出吸引人的产品。

PART Ⅳ

社交币的增值

寻找社交财富的“引爆点”

生活平淡如水，工作日复一日，每个人都渴望刺激性的话题，渴望爆炸式的传播快感，一旦有这种话题产生，便会迅速点燃人们的神经，让大量人群蜂拥而至，参与其中。所以，想要实现社交币的爆炸式增值，就要寻找社交财富的“引爆点”。

什么是引爆点？独树一帜的话题、剑走偏锋的思考、逆向袭击的冲击、持续性刺激的量变积累——大多数引爆点话题都不是从天而降的，而是人为的。学习和掌握好一门“爆点创意技术”，就能让你的话题热度一路飙升！

找到社交币从量变到质变的关键性节点

社交网络发展至今，已开始显露出其惊人的力量，它不仅拉近了人际交往的距离，更带来了新的财富增长点。你难道真的以为那些埋头苦“刷”（刷朋友圈、刷微博）的低头族们，只是在沉迷于聊天之中？当然不全是，他们在进行社交活动的同时，也极有可能正在赚钱！

2013年朋友圈刚红火起来时，很多“圈迷”们热衷于发圈看圈，但有心人却开始利用朋友圈赚钱。卢柒柒被网友称为“做佛牌的姑娘”，她在微信上做泰国佛牌生意，销售一些佛牌、古曼童，甚至降头油（尸油）等宗教产品。她的主要产品是古曼童，那是一种来自东南亚的“佛童子”，经过高僧或法师加持，供信善人士供养以保平安。

商品有特色，加上卢柒柒善于经营，这使得她的微信生意越来越好。生意好的时候，她聘用了十几名员工，每人运营一个微信账号，月销售量达到100万元人民币左右。

看完个人通过朋友圈实现财富创收的案例，我们再来看一看商家是如何通过社交网络赚钱的。杜蕾丝每年生产约10亿只避孕套，在150多个国家销售，并在40多个市场中占据领导地位。

然而，杜蕾丝令人瞩目的成绩还远不止这些。在互联网时代，它还巧妙地利用新媒体来赚钱。据统计，杜蕾丝的新浪官方微博粉丝超过110万，是同类品牌微博粉丝数的几十倍；其腾讯微博粉丝也超了过50万。这使得杜蕾丝官方微博在一个月内的曝光人次可达1.3亿。这个庞大的数据，给杜蕾丝的销售额带来了疯狂增长。

无数例子告诉我们：在互联网时代，社交也能带来财富。我们一直在用社交币进行社交活动，却可能会忽略社交币也能带来真正的财富。**很多时候，社交币可以等价于人民币，甚至比人民币更值钱。**

但还有很多时候，我们的社交币并不值钱。我们说的话没有人愿意听，我们写的微博没有人愿意看，我们发的朋友圈没有人愿意分享……我们的社交币没有流通，它还能产生财富吗？显然不能！事实上，这也是很多人一直困惑的地方——他们也想通过社交获取财富，也一直在用心打造社交币，希望它能够价值不菲，可是却总不能如愿。原因究竟在哪儿呢？

任何事物的发展，都是从微不足道的原点开始的，然后积累成丘，渐变成山。社交活动的原点是聊天、图片、文案、视频，这些元素经过分享传播，逐渐圈起了一个庞大的社交网络，然后财富便产生了。我们之所以无法通过社交创造财富，是因为不能让原点渐变成山，在关键节点上，量变无法产生质变。

我们想通过社交活动创造财富，就必须找到量变产生质变的关键性节点。

社交活动开始，先从量的积累做起。我们一直在谈社交活动，那么你有没有想过，自己的微信有多少好友？微博有多少粉丝？如果微信好友只有100来个，微博粉丝也只是寥寥无几，那毫无疑问，我们是社交网络中的弱势群体。

弱势不要紧，我们可以想办法积累用户，将弱势变为强势。事实上，每一位想从社交网络中获取财富的朋友都知道，积累用户是最为关键的。微信加好友，微博求关注，他们把量的增长工作做到了极致。

可是问题来了：在某一段时间内，他们的微信好友越来越多，微信公众号、微博的粉丝也越来越多，但高关注度转化来的财富量却极为有限。这是为什么？很简单，量变并没有转化为质变。你的微信好友是目标群体吗？你的微博粉丝活跃吗？假如你有一块田，上面种了小麦，但是也有很多杂草，那么为了获得高产，你应该怎样做？你应该把杂草除去，让每一株小麦都能为高产而努力。

我们的社交网络要有量——有数量还得有质量。那么，从量变到质变的关键点在哪儿？我们总结了一下，大概需要从以下几个方面做起：

首先，我们要给社交币一个定位。换言之，我们需要知道自己是出于什么目的而推出信息的。例如，我们做了一个微信公众平台，想为互联网从业者或感兴趣的人带来经验分享，让他们少走一些弯路，这就是目的。我们一定要把定位考虑清楚，因为它关系到我们客户的精准程度。

其次，我们要认真考虑用户需求。不同的用户，需求肯定不一样。我们的用户需要什么？想看到什么？这些都是我们要考虑的。知道他们需要什么，我们才能围绕需要做内容。例如，情人节到了，而我们的用户大多是年轻人，那么就有必要围绕甜蜜爱情发送一些内容。

最后，我们要把好内容关。我们所做的内容要具备可读性、接地气的特点，少发一些自以为是的东西。很多东西，我们觉得喜欢，可用户不喜欢。所以考虑内容的时候，我们要多站在用户的角度去看。当然，最好是多发一些能够帮助到用户或者能给他们带来好处的东西，如好玩搞笑的东西，让他们从心里喜欢。另外，内容的独特性也是我们要考虑的。

总之，如果社交网络是一块良田，那么我们就是农夫。只要我们勤加播种，适时锄草施肥，精心照顾好每一株农作物，那么获得财富将不是难事。

制造话题：
探析“papi酱”一夜成名的爆点

2016年初，一个叫“papi酱”的女子在互联网上火了。我们来看看她陡然蹿红的历程：

2015年8月，“papi酱”在其个人微博上发布了一系列秒拍视频，包括嘴对嘴小咖秀、台湾腔加东北话等。其中，她发布的短视频《男性生存法则第一弹》在微博上小爆发，获得2万多转发、3万多点赞。而后，她又推出了一系列秒拍视频，均获得了不错的成绩。

2015年10月，她开始利用变音器发布原创短视频内容。她以一个大龄女青年形象出现在公众面前，凭借张扬的个性、犀利的吐槽功夫，在各大内容平台的人气一路高涨。2016年初，她的微博粉丝突破200万；3月，其微博粉丝已经突破760万；4月21日，她的贴片广告拍卖会在北京举行，最后以电商公司丽人丽妆出价2200万元而结束了本场拍卖。

“papi酱”很红，她以火箭般的速度，在短短几个月内积累了几百万粉丝，攀上了超级网红的宝座。她为什么能获得成功？在内容红利式微的今天，为何她能够逆势上扬？她的社交币有什么独特魅力？

我们可以肯定的是，网红的爆红必然始于内容的创造。那些因颜值一时爆红的网红，如果背后没有网红孵化器的运作，必然会沦为昙花一现的笑料。在互联网时代，网红不是靠锥子脸、大眼睛、白肌肤的光鲜靓丽外表引人注目，而是要靠才华获得粉丝的宠信和赏识。我们知道，才华往往能转化为精彩的内容。而好的内容，才是社交币流通的关键。

“papi酱”之所以能够快速走红，是因为她在内容打造方面充分结合了自己的影视专业知识，选题设计十分出众，从生活到娱乐到两性关系都有覆盖涉及，准确切中了当下网络社交空间中大多数人的痛点。以接地气的草根叙事方式，同时结合时事热点，她用简短、精悍的吐槽倡导个体自由，而这也是年青一代所共同追求的东西。她的视频能够获得广泛共鸣，原因便在于此。

可能有些朋友会想：我也知道信息内容要新颖、独特、有趣，要能引起目标群体共鸣，可是为什么难以做到？

做不到，是因为没有找到爆点。现在，我们还是以“papi酱”为例，来深入探讨社交币快速蔓延的引爆点。

首先，“papi酱”极端粗暴的内容彻底打破了人们的审美疲劳。《好奇心日报》曾做过一个调查：“你对什么感觉审美疲劳？”“滤镜”、“网红脸”、“傻白甜”等成重度吐槽词汇。另外，鸡汤、反鸡汤、看起来很美很文艺的东西，也很难吊得起人们的胃口。看起来，那些大众化的“美”已经使人们出现了审美疲劳，很难再引起他们的兴趣。

那么，“papi酱”的社交币的引爆点在哪儿呢？她彻底打破了人们有关“网红”的想象。我们来看：明明有颜值，她在视频里却素颜、衣着家常；明明音清体柔，她在视频里却偏偏使用变音器、对脏话口型。

这种强烈的视觉反差，自然引起了人们的兴趣。另外，“papi酱”以极其接地气的草根气质叙事，在几分钟的视频内布置了诸多贴近年轻用户的槽点，以“逗比”和“草根精神”活跃于荧屏。而这些正是年轻群体愿意看到的。

在当下的内容环境生态里，真正有趣的内容并不多。“papi酱”通过别具一格的选题方式、生动鲜明的表现形式，活灵活现地演绎了最普遍的社会现象，直抵人心。她能让观众在捧腹大笑之余，更加深刻地感悟生活。在她这里，审美疲劳消失了，取而代之的是无尽的满足感。

其次，在对的时间段，选择了对的表现方式。2015年，俨然是微信公众号的火爆期。好的微信公众号太多，看多了我们难免会视觉疲劳。而在图文内容对用户的吸引和凝聚越发艰难时，视频内容却爆发出一往无前的潜力。我们知道，长视频拍摄需要很大的门槛，而短视频却是一个最佳的内容呈现类型。“papi酱”恰巧在2016年短视频爆发的年代发力，一夜成名似乎也不难理解了。

当然，我们也得承认，与图文内容相比，视频内容的变现空间更大。例如，YouTube上的美妆达人Michelle Phan，她从开始3分钟的美妆教程到后来建立了自己的化妆视频聚合平台Ipsy、推出EM Machelle Phan化妆品系列、建立FAWM女性电视频道……又如，早在2015年，国内著名的“一条”电商平台，月销售额已突破千万级。

正因为变现空间大，所以网红视频得到了品牌营销大军的喜爱，这也使得内容平台更喜欢推出原创视频。视频内容集万千宠爱于一身，而“papi酱”又是视频内容中的佼佼者，自然要红红火火了。

最后，也是最重要的一点，那就是用心。“papi酱”的成功，既有偶然，也有必然。偶然因素我们已然明了，必然因素很简单，只有两个字——用心。她充分结合自己影视专业知识，从选题设计到平台分发都十分用心。

别看“papi酱”的内容五花八门，什么日本马桶盖、烂片点评、两性关系、娱乐八卦等无一不缺，看似很杂，实际上，“papi酱”的每一次推送，都结合了时事热点。例如，“双11”前后，“papi酱”推出《单身节前夕送给单身的你几句暖心话》《你的爱豆脱单了吗？》《喜迎双十一》；1月10日晚，《2016微信公开课PRO版》刷爆朋友圈，凭借这个热点，“papi酱”很快推出一个关于微信的吐槽视频《微信有时真让我崩溃》，瞬间引起观众共鸣。

仔细观看“papi酱”的视频，我们就能发现，那些看似漫不经心、插科打诨的搞笑段子背后，实际上却蕴含着无数心机。这当然是她和她的团队用心的结果。

美国短视频平台Vine上的红人马科斯和科迪也说，他们在视频构思和制作方面花费了不少心血。他们经常会驱车到各地选景和购买道具，以丰富视频内容。据说一段6秒钟的视频，他们整个团队往往要花费超过4个小时制作才能完成，而且还会改动很多次。“papi酱”视频制作的精细程度丝毫不亚于Vine，这是其爆红的关键性因素之一。

综上所述，我们能获得一个启示：**制造话题，是寻找爆点的第一个方法。**

透过“papi酱”事件，你获得了什么样的启示呢？在社交网络爆炸的今天，通过信息传播获取财富已经不是什么新鲜事了，关键是，你找到那个引爆点了吗？

制造热点：
把人们隐藏的心理爆点一网打尽的冰桶挑战

在传统意义上，人们无法把“慈善”和“爆点”联系在一起。做慈善应该是庄重的、谦逊的、低调的，那些大张旗鼓做慈善的人总会令人侧目，倘若一个人过于热情地宣传自己的慈善行为，人们都会怀疑他做的其实是宣传，甚至会有人认为他是伪善。

但慈善又离不开宣传。当今社会，想要引起人们的关注，就需要制造话题和关注点，慈善业也不例外。如何更好地宣传慈善？大张旗鼓地打广告显然不妥当，常规性的介绍和呼吁又不能大面积地引发人们的兴趣，那些小规模的慈善组织的工作更加困难。

冰桶挑战打破了人们对慈善宣传的认识，这个风靡全球的运动引发了追捧狂潮，让人们迅速地了解了“肌萎缩侧索硬化”这种疾病，“渐冻人”走入了人们的慈善视野，更多病人得到了他们急需的捐款，而那些参与其中的捐款者，从中得到了趣味、名气、称赞等一系列社交币，使他们的形象更上一层楼。真可谓人人都是赢家，个个都很nice。

冰桶挑战是由美国波士顿学院的前著名棒球运动员皮特·弗雷茨发起的，参加者都会拿一大桶冰水当头淋下，在那一瞬间体会肌萎缩侧索硬化病人的感觉，并把这个过程拍成视频上传到网络。然后，TA就可以指名3个人参加这个活动。被点名者必须在24小时之内完成冰桶挑战并上传视频，拒绝挑战就要为渐冻病人捐出100美元。

现在，让我们分析一下这个活动隐藏的独特思维和心理爆点。

冰桶，无疑是个巧妙的设计，既能让人在冰冻中体会到罹患肌萎缩侧索硬化症的病人的切身痛苦，又有抓人眼球的趣味性——大夏天给自己浇一身冰水，爽，好玩，刺激！

不只是好玩，这个活动还满足了人们多方位的心理需求：

慈善。每个人都可以在金钱充足的条件下做慈善，如果这种慈善能够用大众喜闻乐见的方式打造自己的善良形象，那简直是一举两得！

表现机会。无疑，人人都渴望有更多的社交币，通过一项公众运动表现自己的随和、独特、爱心……并保证会得到关注，还有比这更好的机会吗？

名气。看看谁在参加这个比赛吧，微软的创始人比尔·盖茨，脸书的创始人马克·扎克伯格、苹果的现任CEO蒂姆·库克、谷歌的创始人谢尔盖·布林……还有无数世界著名的运动员、影视明星、歌手等，真称得上是星光璀璨。参加这样的活动，无疑能给自己迅速增加名气。

有这样一项比赛，不但好玩，还能让你提高名气，展现形象，显得善良有

爱心、健康有活力，有什么理由不参加？这个创意简直把人们的心理爆点一网打尽！

于是，挑战赛以美国为中心如火如荼地展开，美国篮球队全体队员对着镜头举起了冰桶，各大公司门口聚满了看总裁们表演的人群，粉丝们更是热切期待着自己的偶像能加入其中……美国总统奥巴马也接到了挑战，想必考虑到总统的身份和健康，他选择了捐款而不是浇冰水，这扫了大家的兴，引来了一些批评。

很快，冰桶横渡大西洋，来到了中国。面对这样一个宣传自己的大好机会，自然谁也不愿错过！

国内商界大佬们纷纷站到了镜头前，李彦宏、雷军、周鸿祎、王石、任志强……他们的提倡让夏天里的一桶冰迅速占据了人们的视线。明星们自然也不甘落后，海峡两岸暨香港的大牌选手们迅速上传视频。看到刘德华、周杰伦、章子怡等闪亮的名字，谁能不兴奋、不起哄呢？那些网红们也不甘示弱，纷纷跟着凑热闹。就连普通网民也跟着加入了其中，于是，冰桶挑战几乎变成了全民狂欢。

玩出花样也是很关键的。让我们看看国际巨星章子怡的表现，只见她穿着得体的泳衣站在游泳池边，面无惧色地淋了自己一桶冰水，然后转身跃进泳池去，给大家表演了一段泳姿秀，堪称既有爱心，又有创意。

值得我们注意的是，每一位参加者都意识到这是一个大量获取社交币的机会，他们当然不会仅仅奉献爱心，而是抓住这个能一再扩大社交币拥有量的平台充分展示自己——至少也要把自己的名字放上去。

冰桶挑战是一次极其成功的公益营销，它紧紧抓住了人们的心理爆点：热闹，有趣，能宣传。它把一个冷门疾病的募捐设计成了全民皆知的热点，以游戏的形式推广开来。

慈善是严肃的，但它同样也可以带着快乐。它提供的不再是一张刻板的捐款名单，而是一个展示平台。它没有明说这样一种逻辑：做慈善你不吃亏，你将得到数不清的社交币！

综上所述，我们可以获得这样的启示：**制造热点，是寻找爆点的第二个方法。**

逆向思维：利用人们爱占便宜心理的“吃垮营销”

在很久很久很久以前，那时的人们还没有听说过智能手机，网络论坛还是最流行的大众咨询圣地，那时的人们还不习惯走进西餐店，那时的必胜客才刚刚入驻中国，看不出来有多少竞争优势……

有一天，一张抢眼的帖子迅速传遍了互联网上的大小论坛，激起了人们极大的兴趣，它的核心内容简单粗暴：手把手教你如何吃垮必胜客！

吃垮必胜客？这口号真是太牛了。那时人们只知道如何吃垮自助餐厅，对西餐厅还不太熟悉。何况，必胜客可不是个想吃多少就能吃多少的地方。西餐很贵，很多人站在门口看看就走，根本不敢进去。听说里边一个面饼需要XX元，一杯水需要YY元，一小盘沙拉需要ZZ元，太贵了，不去！

针对这种心理，这个非常让人解气的帖子出现了，必胜客的沙拉竟然只有那么一个小盘子，简直是奸商，简直令人发指，简直在欺骗我们劳苦大众的感情！好，现在有这样一个方法，我们可以最大限度地在一个小盘子里堆起小山一样高的食物，让必胜客血本无归！朋友们，兴奋吗？来，让我们快来学习一下吧！

于是，人们兴致勃勃地仔细研究起了这个帖子。帖子里的步骤非常翔实，像是手把手地教你如何拿更多的食物：盘底堆满葡萄干和玉米粒，去水分，用勺子压实；用黄瓜片做外围，里边放上黄桃等水果，把缝隙处继续填进葡萄干和玉米粒；继续搭黄瓜、塞水果、填充葡萄干抹平，以此类推，只要你手艺好，你甚至可以堆十几层！

此外帖子还非常贴心地告诉你可以在网上打印优惠券，可以叫上更多的朋友，一顿丰富的西餐吃下来，人均不过二三十元，真的非常便宜！

现在，你还觉得必胜客很贵吗？当然不贵，就算有点贵，有了这么炫酷的堆沙拉技巧，也能把本钱吃回来了。于是，那些原本在门外徘徊的人走进了必胜客，跃跃欲试。

必胜客并没有被吃垮，反而渐渐顾客盈门，需要排队叫号才能等得到位子。至于那个传说中的十几层沙拉，网上不乏教程、不乏照片，也真的有人堆出来过，但普通人根本没有那么奇妙的平衡感，盛取沙拉的夹子也无法完成那么多抹平和精确的摆放动作，大多数人还是老老实实地盛上一点水果和蔬菜，感叹自己的技不如人。

如今，那个响亮的口号早已被人们遗忘，必胜客却成了热门餐饮。这是一次成功的营销策划，它告诉我们任何事都有爆点，只要你找到了它，制造合适的契机去推动它，它就会疯长，将你的名声传到大街小巷，让你在一夜之间拥有数不清的社交币。

如何才能准确地寻找到这个爆点呢？

必胜客的“吃垮营销”的核心是心理暗示，它针对人们的心理进行逆向暗示，瓦解人们的成见，并隐蔽地利用了人们占便宜的心理，让更多人走进餐厅。

当他们尝到了味道迥异的异国快餐，感受到了轻松愉快的用餐环境，享受了周到细致的服务，他们很快就接受了这个新事物，甚至把它当作新型社交币。

正面推广行不通时，就考虑逆向推广。人们对那些有悖常识的东西，往往报以更多的关注。好奇和关注正是推广的第一步。举个简单的例子，所有人都在卖白色衣服，你拿着一件黑色衣服招摇过市，立刻就能成为焦点。而**逆向思维，是寻找爆点的第三个方法**。

换位思考：通过提供参与感成功“爆破”的小米手机

在人们惯常的思维里，“爆点”这个词带有偶发性，能够抓准爆点的人都是些反应快、身手敏捷的高手，普通人去哪里引爆？又拿什么引爆？

这其实是一个思维误区，“爆点”在很多时候都和潮流时尚、突发大事结合，看似只有少数人能抓住，但却没有看到爆点可以被设计、可以被制造，那些话题和热点有多少是人为诱导、推动的！**爆点最需要的其实是深思熟虑的头脑。**

让我们看看风靡全国的小米手机是怎样通过自身的经营制造一个个爆点的吧。

雷军在2010年创办小米，之前他曾经成功地推出了金山品牌。他为新生的小米选择了一种与金山迥异的营销模式。如果说金山的宣传像风暴，那么小米的营销就是园圃，培植式的吸粉，然后才遍地开花，它的核心只有3个字：参与感。

小米团队从谷歌的策略里悟出了互联网营销的真谛。谷歌提出：“一切以用户为中心，其他一切纷至沓来。”注重客户体验，注重人性化，奠定了谷歌的口碑，让谷歌迅速提高了业界的占有量。雷军看到了口碑的力量，看到了互联网分享的力量。那么，如何让毫无名气的小米被宣传、被分享呢？雷军对准了人们的参与心理。

做一款平民化的手机，质优价廉，让每个人都用得起、用得好，这只是基础。参与的关键是让用户们提意见，根据用户的意见来设计，团队建立网上平台，直接与用户接触，沟通无障碍，让用户认为这是一款“自己的手机”。

传统的商家主要有两种：一种是“给顾客下跪”，另一种是“让顾客下跪”。而小米选择和顾客做朋友，尊重顾客意见，还在自家媒体上卖萌减少与顾客的距离，减少顾客的顾虑，让顾客亲自参与到营销中来。换言之，直接把广告打到顾客内部，把产品观念靠顾客传给更多的顾客。

口碑靠的是什么？信任。人们最容易信任的是什么？不是铺天盖地的广告，而是来自朋友的推荐。一个朋友说：“这款手机我正用着呢，棒极了！”这句话胜过在网络上说100遍“××手机就是好”。

为什么小米能在产品推出之前就获得这样的信任？来看看小米的预约服务吧！不是冰冷的填单，而是做出有趣的形式。推出手机的时候，会问顾客喜欢手机的哪个功能，喜欢什么颜色的后盖，完全把“顾客需要”放在了首位；小米电视的预约服务中，用户可以依据自己的家装搭配一个虚拟的客厅，然后试一试电视的颜色；小米举办新品发布会“爆米花”活动，给客户提供的是一个交朋友的场所——在各个环节都注重人性、注重体验，口碑就是这样产生的！

这种口碑又不同于传统的广告式口碑。它让顾客完全把小米当成了一个“我看着长大的”产品，有天生的心理亲近感，甚至当小米出现问题的时候，还有很多粉丝愿意在媒体上表示支持，“共克难关”。

小米提出了“参与感三三法则”，具体内容是——

三个战略：做爆品，做粉丝，做自媒体；

三个战术：开放参与节点，设计互动方式，扩散口碑事件。

这个法则恰恰契合了互联网思路，也抓准了客户心理的死穴。

当然，干货必须要有。高配置和亲民价格是事实，不是吹出来的。青春，好看，系统友好，渐渐做出风格，这些都是小米的优点，小米一直了解自己的优点，并不断强化。继而，小米又推出了路由器、耳机、手环、电视等一系列产品，走的依然是口碑推广的路线，小米这个低调的名字，开启了低端逆袭的先例，在业界独树一帜。

换位思考，是寻找爆点的第四个方法。你能为他人着想，为他人提供心理释放的空间——无论他们想要的是参与还是产品，就能靠真诚得到友谊般的支持。

那么，换位思考带来的是怎样的效果呢？效果惊人！小米的早期宣传，从零点到100万用户，没！花！一！分！钱！

剑走偏锋：反向刺激消费者心理的“最难喝饮料”

全中国最难喝的饮料是什么？也许你已经知道了——东方树叶、格瓦斯、黑松沙士、红色尖叫、崂山白花蛇草水等纷纷上榜。某一天，这些你不熟悉甚至听都没听过的名字突然走红，你会不会也好奇这些饮料到底有多难喝，而想尝试一下呢？

在网上你甚至看到了这样的促销海报：“现推出五种饮料捆绑销售活动，让你一次尝遍五种最难喝的饮料，只要二十几块便能一次爽个够！还包邮哦亲！”

这是一次商家策划的推销活动吗？其实不是。一开始，这只是网友们自发的吐槽活动。结果，聪明的商家立刻行动，跟风而上推出了体验装。

现在，你已经尝到这五种饮料了：东方树叶除了苦还是苦，格瓦斯有点面包味，黑松沙土有一股风油精的清凉，红色尖叫有一种虫子的味道所以让人想尖叫，崂山白花蛇草水带着一股草席子味……这些大概会得到重口味爱好者的喜好！这些滋味太销魂，有些人再也不想喝第二次了。不过，也有一些人还会买第二次，挑战一下极限，好，再下一份订单。后一种人里也许还包括你。

如果你也品尝了这五种饮料，那么你已经进入了流行爆点的心理风暴区，想要尝试那些大家都在谈论、都在尝试的东西，哪怕它难以让人接受。但恰恰是因为它难以让人接受，才更显示出你的独特和大胆。从此，你可以骄傲地在朋友圈里宣布："我可是连最难喝的五种饮料都尝过的人，还有什么好怕的？！"——**要的就是这种效果，你要，商家要，大家也需要，于是，这种"反向社交币"得以走俏。**

这种反向推销并不是第一次被应用，以前早就有商家用过数次，最有名的一次莫过于"瑞典鲱鱼罐头销售"。那是在几年前，各国美食大规模地被商家引进，你随时能看到法国传统美食、意大利国宝级美食或者英国流传了上千年的配方等。鲱鱼罐头则是瑞典传统的美食罐头，据说在北欧广受欢迎，商家也把它作为宝贝引进了中国。

也许引进鲱鱼罐头的商人忘了自己先去尝一尝。当你开启鲱鱼罐头时，一股恶臭便会扑面而来，屋里屋外的所有物体都会沾上这股味道，无一幸免！

这哪里是美味食物？这一定是过期货！差评，退货，商家无良！赔偿经济损失！商家却感到万分冤枉，因为这绝对是新鲜进口的高等罐头，日期还是最新的呢！查了查资料，原来它就这个味！臭怎么了？你吃臭豆腐不也吃得欢，你看看榴莲卖多少钱一斤。

可惜不能和消费者吵架，商家索性将计就计，大力宣传此种罐头的万恶特点，让它的臭、它的奇葩渗透力、它对味觉的挑战名扬天下。"这种食物，要多难吃有多难吃，要多臭有多臭，简直不是人类能够忍受的"——类似的宣传语非常多，极力去渲染鲱鱼罐头的暗黑和恐怖。

于是，顾客的胃口被调动了，究竟有多难吃？究竟有多臭？一时间，订单不断，顾客们花钱买罪受，还兴冲冲地把图片反馈回来，换着花样形容这种罐头的味道，挑逗着更多顾客继续花钱买罪受。难吃又怎样？难得的是刺激！

当正向宣传行不通时，反向刺激也一样能提高关注度，有时反向话题比正向话题更容易流行。刺激性有很多种。

来看一看格力集团董事长董明珠是如何推广自家的手机的。只见董女士目不斜视，气沉丹田，手中举起一款格力手机说："今天我可以大胆地说，我的手机世界上第一，当然我讲的不是销量第一，但最起码我敢对消费者承诺，我的手机的品质，我可以讲第一。我今天在这说我这手机两米摔下去不会坏，你敢摔吗？”——与此同时，那手机被她狠狠地摔到了地上。

霸气吗？颤抖吧！现在，你是不是一下子就记住了原来格力不只有空调，还有一款摔不烂的“世界第一结实”的手机？**剑走偏锋，也是寻找爆点的一个不错方法。**不过，这种方法不能常用，不然，你就会成为一个负面话题之王。这可不是好头衔，它会让人直接怀疑你的人品。

如何从微信朋友圈“六大门派”里突围？靠创意

江湖传闻，微信朋友圈有六大门派，门徒众多，各有绝技，平分天下，令我辈凡人望尘莫及。

哪六派？

鸡汤派。励志感言、职场秘籍、人生经验、情感建议，一碗鸡汤当头泼下，为一切事业、生活、情感难题指点迷津。

养生派。老偏方、小秘方、老中医的独门秘术、几千年的养生智慧、你一定要知道的必须吃的以及不能碰的食物——想要延年益寿、美容健身、根治顽疾、防止癌症，欢迎加入。

自拍派。独门秘籍是“拍拍拍”，拍自己、拍娃娃、拍饭菜、拍风景、拍名牌，把生活中最光鲜的一面拍发到朋友圈里，以求朋友们“赞我，赞我，快赞我”！

微商派。我有商品来自五大洲四大洋，我有折扣帮你省钱省力省时间，你是我的朋友也是我的客户，我以亲身经验告诉你我卖的是好商品，快来买吧！

转发派。我不爱创作，但我依然有一颗敏感的心，我总想把我发现的有价值的文章、观点、活动让更多的人看到，于是我转、我转、我转转转。你看到我的努力了吗？

段子派。生活需要一颗自嘲的心和一张强韧的笑脸，于是段子手应运而生。我为你带来吐槽，带来阅读快感，带来笑声，偶尔还掺杂一点真知灼见，你喜欢我吗？

但是，毫无疑问，这些门派正面临危机，甚至正走向没落。

转发派首先被无视。他们缺少自己的创意，只知道当搬运工，而他们搬运来的东西又显得大同小异，让人连看一眼的兴致都没有，所以他们经常被屏蔽。

自拍派越来越不受欢迎。很少有自拍门徒懂得“节制”二字的，他们无止境地晒着一个美颜相机打造出的表情和姿势、一桌用来看的饭菜、一个没有多少变化的娃娃、一些并不精彩的风景照，人们很快便从新鲜变为了厌烦。

养生派紧随其后。那些大大小小矛盾百出的秘方偏方，造成了人们极大的认知困难，简直就像伪科学。为了真正的健康，人们只好选择不看。

微商派两极分化，一部分信誉好的微商和代购，给大家带来了真正的方便和实惠，正在逐步扩大自己的店铺；另一部分刷面膜、刷高仿、刷各种三无产品的微商，则被视为毒瘤，人人欲骂之而后快。

鸡汤派基数大，真可谓长江后浪推前浪，前浪死在沙滩上。**只有极少数鸡汤大师能熬出老少皆宜的美味鸡汤，让人继续心甘情愿地接受推送，也正因为这极少数的存在，这个门派依然有生机、有前途。**

段子派成立的时间最短，却很快便攻下了一大片地盘。他们的吸睛秘诀是有趣、有趣、继续有趣！不过，段子手们素质参差不齐，好玩的是真好玩，无聊的是真无聊，结果让这个门派的口碑呈现两极分化，而且段子手最迅速地与广告商实现联姻，形象进一步复杂。

在这六大门派一统微信朋友圈江湖的格局下，想要自立门户奠定江湖地位，真不是一件容易的事，就连想要在门派内开辟出一片新天地，也有数不清的阻碍。这时，你需要的仍然是寻找爆点！

例如，加入鸡汤派的你，想要扬名立万，就要摒除那些鸡汤派老招式，因为只放鸡精调味，结果端出的还是一盆清水。相反，把别人心里想说的话说出来，才能引起共鸣。只有这样，你的鸡汤才是暖的、有味道的。

又如，你是个养生派，但你可以不转发那些真假难辨的经验帖，而是去谈一些真正有用的经验，或是亲身经历的被证明是很有效的养生保健良方。

再如，微商派的你，至少要做到不卖假货，然后把服务提高上去。你还可以转发一些资讯，谈一些自用心得。比如，食品微商可以说说营养，服装微商可以说说搭配，化妆品微商可以聊聊妆面，商品和资讯结合，也能产生不错的效果。

鸡汤派和段子派都是文字活儿（现在还要加上图片、视频等多种媒体），老调新弹是思路，推陈出新才能有勃勃生机。

总之，在社交环境下，想要化社交币为真财富，**创意、是最基本、最有效，也是最长久的方法。**

没有爆点怎么办？用话题量变累积质变

通过前面几节的内容，我们学习了寻找爆点、制造爆点、抓住爆点以及反向爆破的方法，还修炼了爆点神功的基本大法。当然，即便如此，想必还是有人会说，爆点，是个天时、地利、人和的运气活儿，网上人这么多，出名的又有多少呢？出名的人这么多，靠爆点走红的又有多少呢？这样一计算下来，靠爆点得到社交财富的概率还真不高。

其实，我们的脑子没必要一根筋。爆点虽好，也不用只盯着它，没有瞬间爆炸的级数增长，我们还可以学习另一种突破式引爆法。当然，这种方法需要更长的时间、更深的智慧，不会让你“一夜暴富”，却能让你能够天天看到社交币在增长。这就是“**话题量增长法**”。这个名字是不是太抽象？别被它吓到，它一点也不难懂。

首先请你回答一个问题：在微博上，经常上头条的是哪一位？

回答不上来？你当然回答不上来，哪有人整天都能占据头条的。

再回答一个问题：在微博上，永远上不了头条的人是谁？

答案居然如此一致，是的，我们都知道这个人是——汪峰。

说起汪峰和头条的关系，简直是一场让人心疼的喜剧大戏。摇滚歌星汪峰成名已久，在新人当道的娱乐圈，他和许多老牌明星一样，渐渐成了年长一代的记忆，渐渐远离了年青一代的视野。后来，他成为“中国好声音”的导师，重新有了走红的迹象，微博粉丝持续增加，歌唱事业也在发展，但大红大紫还说不上。

混娱乐圈的人谁不想上头条？人们相信汪老师也一样，特别是汪老师找了一个国际巨星做对象，话题度更是节节攀高。但是，任凭他和国际巨星合作也好，互相表达情意也好，甚至订婚、结婚、生孩子，他都没有捞到一次上头条的机会。不是合作者不给力——国际巨星靠着新电影拿了一堆大奖，收获了很多头条，唯独他总是与头条擦肩而过。

每当汪老师有了新动作，比如发表新歌开演唱会秀恩爱时，总会有突发性爆炸式的新闻来袭，然后把汪老师的新闻挤到角落里去。某某出轨，某某结婚，某某回国发展，某某演唱会等，仿佛全世界都在阻止汪老师上一次头条。

人们哲学地做了这样一条归纳：“莱昂纳多与奥斯卡，村上春树与诺贝尔，汪峰与头条。”——2016年，莱昂纳多终于捧到了奥斯卡金像奖，但汪老师还是没能上头条。

汪老师与头条逐渐变成了网络上最经典的笑话之一，不论什么人上了头条，人们都会加上一句“汪峰又上不了头条了”，“心疼汪峰，头条又没了”。你以为汪老师会在乎一个头条？他现在被娱乐圈称为“中国摇滚界的半壁江山”，你能经常听到他的歌，在哪里都能看到他的名字，他有数一数二的话题度。只要有这个头条哏，上不上头条又有什么关系呢？要知道，这比上头条的影响力大多了。

对汪峰老师致敬完毕。我们其实是想用这个极度成功的例子来说明以下道理：话题的积累能够导致社交币的质变，**持续性的话题度最终会变为爆点，这种爆点的作用力范围更广，影响也更深**。

没有爆点的时候，千万不要气馁，而要用各种方法保持你的话题度，你不需要大热，只需要保持！在不断的量变积累中，总有一天你也可以迎来你的爆点。

小成本，大突围：社交币的核心本位是什么

2016年，第31届奥运会在巴西的里约热内卢举行。在开幕前，BBC放出了本届奥运会的宣传片，这是一个制造工艺简单、画面并不十分精致的动画宣传片，从细节上就能推算其成本并不高。但是，它却得到了一致的赞扬。人们忽略了它粗糙的部分，也不挑剔它并不是大制作，只因它传达的创意冲击了人们的心理。

点开这个视频，你看到的不是预想中的著名运动员的面孔，不是巴西政府兴建的奥运会体育场馆，不是国家式的宣传，而是动物——天空的、雨林的、水生的、两栖的各类动物。这些动物以自身的形态做出了奔跑、跳跃、单杠、体操、跳水、游泳等多种动作。最后，这些丛林猛兽都变成了体格健美的人类。这个简单的视频还不到2分钟，却传达出了让人耳目一新的创意。

奥运会的口号是什么？更高，更快，更强！古时候人们希望有动物一样的

跳跃能力、奔跑能力和击打能力，以便更好地在生存竞争中取胜。这种竞争如今依然存在，奥运会则是人类追求的具体体现之一。宣传片准确地把握了奥运的主旨和人们心理上的渴望，以最简单的形式征服了观众。虽然本届奥运会因为成本问题造成了住宿、比赛场地和招待的种种应付了事，但这个宣传片的创意依然可圈可点，堪称经典。

网络有时是个无须激励机制就能自行作用的平台，就看你有没有头脑加以利用。这是个呼唤创意的年代，这是个渴望刺激的年代。**在这个年代里，新鲜事物有成长的沃土，小成本甚至零成本的制作，只要制作得当，击中人们的心理，也能迅速疯传，取得让人惊讶的宣传效果。**这种“突围式”的宣传，让我们充分认识到了社交币的核心本位在于创意。

让我们再来看一看风靡一时的小游戏《植物大战僵尸》，它同样是小成本取得大成功的逆袭力作。

这款风靡全球的小游戏在开发之初也有一个团队，但团队只有四个人，一个做设计，一个做美工，一个做音乐，一个做程序，配置之低让人咂舌。

这款上市9天就赚了百万美元的小游戏当初也有一笔启动资金，但只有区区150万美元，比起那些动辄千万美元的游戏，实在寒酸。

这款充满着蔬菜、鲜花和笑脸的小游戏也并非这四个人的独创，在它之前，已有不少庭院类游戏，它的独特之处在于加进了一个栩栩如生的反派——僵尸。

没错，可爱的植物形象和简单的攻防模式都不新鲜，是那些摇摇晃晃的僵尸给了这款游戏真正的热点、爆点、流行点！他们状似可怕却笨拙，戴着各种装备走向你的房子，一路被植物们阻击，倘若稍有不慎，他们迈过最后一道防线，从后门进入你的屋子，然后，伴随着咀嚼声，一行触目惊心的字迹便出现了——“僵尸吃掉了你的脑子！”恐怖吗？有一点，但更多的是有趣。

这就是创意的力量。在现有经验的基础上，无须逆天的美工，只需做到足够有诚意和可爱，再加上有趣的创意，你就可以独领风骚。

在这个时代，反而是动辄上千万、上亿元的大制作显得有些冒险。可不是吗，我们每年到底看到过多少烂片，这些片子只肯把钱花在大牌明星的出场费和网络媒体的营销费上，却不知道在最根本上投入一点资金——找个好点子，找个好编剧，或者找个好卖点。

但这种格局尚未分明的时候，正适合人们一展所长，抛掉思想负担，尽情发挥创意。在网络上，创业并不难，谁都有第一笔社交币，谁都可能赚到第一桶社交资金。接下来的路该怎么走？小成本能否干出大事业？本章的内容其实已经给了你答案。

情感分享：很容易操作的社交币持续增加的方法

说到爆点，无论短期爆炸也好，长期积累也好，一定要强调创意，一定会要求机遇，一定要制造话题。到底有没有一个方法，不需要那么高的技术含量，不需要整天琢磨时机，不需要分分钟争取话题，却能保持社交币的增加，能保持社交信用的额度，能带来更多的增值机会，甚至还有在某一天成为爆点的机会呢？

有。

不过不要兴奋得太早，下面要说的这种方法已经被数不清的人应用过，因为它是混迹网络、游走社交圈的基本方法之一。有人靠它成名，有人靠它捞金，也有人靠它成为社交的焦点。只要你愿意持之以恒，再有一点儿文笔与情商，它就能给你带来一笔稳定的社交币，屡试不爽。

如果说别的方法都是难题，这种方法就等于是送分题。在这里，我们不妨将它命名为“情感分享增值大法”。

所谓“情感分享增值大法”，顾名思义，就是以情感分享作为基础信息，借用剖析情感案例、解答情感疑惑、探讨情感难题、促进情感交流等手段，实现消息提供者、发布人、议论者的三方互动，并让更多人跟随话题进行情感分析交流。这个方法的好处是操作难度不大，接地气，参与的人多，话题性强，可以带来持续性的关注。

这种介于八卦、段子、鸡汤中间地带的社交银行一直是饮食男女放不下的场所，银行主人坐地理财，靠着打码帮人透露隐私，凭空收入大量社交币——当然，有些隐私是自己编的段子，这个就不必说了，大家都懂，只要够狗血、够热闹，没有人会去拆穿。

都市男女需要这样一个空间：当他们在爱情上受了委屈、一腔怒火无处发泄时，就想让更多人看看自己的前任究竟是如何的极品；当他们遇到了笑里藏刀、争抢功劳的同事时，吃了大亏又要维持表面上的和平，只好在网上匿名发表帖子说“我的同事是个奇葩”；当他们遇到了难解难分的人事纠葛，洪荒之力无法克制时，会在互联网上找一个地方吐一吐槽，并请网友们帮助自己出出主意……

这类情感社交币的拥有者，在微博，在知乎，在微信上，每天都会有一大堆的业务，中国人那么多，每个人都可能会遇到几个极品，每个人都可能会发生匪夷所思的故事，大多数人都有一腔倾诉的欲望却无处发泄。只可惜，他们不能直接上网去随便骂，只能通过匿名发一个帖子，或者把事情发给某个公众号，借助对方的粉丝的传播来达到自己发泄的目的。

还有一部分人遇到麻烦事难以解决时，会真心实意地@某些大V、某些公众号、某些作家想要请求这些名人的帮助。他们或想得到这些看起来很聪明的人的建议，或想听一听网友们究竟是怎么说的。这一类公众号大多是兼职的情感作家或励志作家，他们往往会分享别人的经历、畅谈自己的智慧，尽管也有熬鸡汤的嫌疑，但总的来说，还是起到了很强的正面作用，因此一直有着不俗的人气。

还有一些互联网论坛上的分享帖，因为内容很奇葩，让很多人忍不住去转发，于是也能呈现出一种大规模扩张的趋势。有时候公众号也会利用粉丝量大这个优势，抛出一些争议性问题，例如“产妇剖腹保大保小”的尖锐话题，让每个人都愿意发表自己的看法，甚至会引起争论，而话题的最终目的就是关注度和转发率，也就是更多的社交币。

也不要认为这件事毫无技术含量。在大量信息中选取有代表性的，也需要有独到的眼光；想要找出一个能够引起广泛关注的话题，也需要了解时事和热点。**最起码，要了解人们心理上的命门。**

感情分享方式可不只有一种。看，一群普通男女穿上西装礼服，戴上狗耳朵、狗爪手套，在交响乐舞台上唱了一曲《感觉身体被掏空》，幽默又无奈地控诉着“感觉身体被掏空，我累得像只狗”，因为真实地描述了都市白领们的工作心情，这首歌于是迅速走红，成为新一代神曲，也让人记住了彩虹室内合唱团和作曲指挥金承志。这就是共鸣带来的传播力。

想当一个成功的情感大V也许不容易，但情感分享依然是每个人都能取得社交币的好方法。**只要你能抓住普罗大众的情感点，你就不会没有市场。**

即使你有其他的话题点，也可以考虑进行适当的情感分享。或者，说一说你的情感经历或情感困惑，让别人更能了解你；或者，参与几个情感话题，说一说你的看法，这样更容易拉近你与关注者的距离。

如果你有很多粉丝，你也肯定会收到他们的求助或者倾诉。这时候，你不妨在征得对方的同意后与更多的人分享这个问题，这样既能帮助他人解惑，又能进一步拉动你的人气。须知，社交社交，联络的终究是感情。

PART V

社交币的“通货膨胀”

战胜“信息厌倦”

信息时代最不缺少资讯和话题，过于巨大的信息量必然会造成信息的拥堵，并导致社交币的“通货膨胀”。当流通中的社交币过多时，你的话题资本就会一再减少，你的话题能力也会因此削弱。如何对抗这一普遍现象?

防范意识和变革意识是社交币坚挺的双重保险。尽量远离致使社交币贬值的陷阱，经常思考如何改善和变革传播方式，就能帮助你持有最崭新的社交币，进而战胜“通货膨胀”危机，笑傲互联网时代。

“信息厌倦”会令社交币“通货膨胀”

你有没有好奇过，一天之内你收到过多少种信息？想要统计这件事困难很大，有些网页上的信息在你眼前一闪而过，有些闲聊里的信息你左耳听右耳忘，这些信息就像公交车外的广告牌，还没有看清其模样就消失了，但是这不代表你完全没有印象。据《疯传》的作者不完全统计，人们平均每天要传播16000个词的消息，每小时要共享1亿段关于品牌的宣传语。

有没有感到惊讶？你真的说过那么多话吗？你真的看了那么多广告吗？半点也不假。这就是信息高速公路上的日常生活，不然，我们又怎么会如此强调社交币的重要性呢？如此多的信息是好事吗？恐怕不然。大多数信息都是我们并不需要的垃圾信息，人们每天接收和处理垃圾信息的时间也在增多，这就造成了普遍的“信息厌倦”。

这种厌倦直接关系到社交币的含金量。每一天，互联网上都会有大量社交币拥堵着我们的信息渠道，大量信息造成了社交币影响力的下降。**社交币虽然不是真实货币，但它一样会遇到通货膨胀。在现实中，社会流通中的货币超过了实际的需要，就会导致物价飞涨，令货币的实际价值下降。社交币也会这样。**

那么，社交币通货膨胀的最直接现象是什么呢？就是你说的话有无数人在说，所以没有几个人愿意听你说；你做的事有无数人在做，你并不是首创者，首创者的热度也已被分流；作为信息发布者，你越来越难以产生影响力，你一炮而红的梦想越来越不切实际；作为信息接收者，你对越来越多的信息越发感到厌倦，感受能力越发下降，很难再找到激动的感觉。

例子随处可见。若干年前，“吉尼斯世界纪录”是一项多么令人向往的荣誉啊，要是拥有这个头衔，足以名噪一时。后来，世界各地都盯上了这个纪录，中国国内的人也不例外。于是，你经常会看到某地做了一个面积多大多大的饼，要挑战吉尼斯世界纪录；某地做了多少多少吨蛋炒饭，要开创新的吉尼斯世界纪录；某地堆了多高多高的蛋糕，要打破原有的吉尼斯世界纪录……这一类活动为了博世人眼球，反复打出“破吉尼斯世界纪录”的口号。且不说吉尼斯官方会不会理睬，就其形式和活动效果而言，也只让人觉得无聊，何况那么多的面、米、鸡蛋，真的吃得完吗？造成如此大量的浪费，很可能会得不偿失。但是，类似的活动至今仍有人不断地在搞，全然不知它早已在“通胀”之中，已经变得毫无价值。

再说说一系列的网上跟风活动。在第三章里，我们讲到了从众心理，还建议大家不妨也凑凑热闹，跟随全民娱乐的步伐秀出自己。现在，就来说说这种心理的反面：凑热闹只是一时参与，过分跟风就再也热闹不起来了，甚至会面临冷清尴尬的境地。

例子很多。例如夏日将至，又到了美女们秀身材的季节，有人在这个时候发起了“A4腰”的话题。什么是A4腰？也就是说腰比竖放的A4纸还要窄，也就是腰宽小于21厘米。于是，从明星到网红，从校花到“西施”，从××姐姐到××妹妹，美女们纷纷拿起了一张A4白纸放在了自己的腰间进行拍照，狂秀自己的好身材，从而令宅男们都大饱了眼福。

全民娱乐风狂刮的时候，你又怎么可以不参与？有身材的秀身材，让亲朋好友看一看你的健身成果，对你的形象有了更深刻的认识；如果你有超级有效的运动瘦腰法，赶快发出来分享，保证你会深得那些“五月不减肥，六月徒伤悲”的女粉丝们的心；想要画图做视频的人也要快一点动手，这是多么好的话题啊，正适合发挥你们的创意；卖健康食品和代餐食品的人又怎能落后呢？现在正是这类人做广告的好时机；服装店更是要赶快搭配出“最能展示A4腰的连衣裙”、“神奇遮掩效果媲美A4腰的百搭款”来迎合顾客……总之，跟上了潮流，甚至引领了潮流，你就是信息时代的大赢家。

但是，热点来得快冷下来也快，潮流转瞬即逝。不过三五天，最多一个星期，A4腰就成了明日黄花。待热点一过，这时的你再秀也好、卖也罢，宣传得再卖力，也不会有几个人理你，有些人甚至还会拿看土老帽的眼光看你，说你跟风，说你没创意，说你out了。为什么？市场饱和了，社交币升不动了，话题贬值了，此路行不通了。

不但A4腰受了冷落，随之而起的那些锁骨养鱼、酒窝夹笔盖、一元硬币手……甚至还没有A4的腰热度，更没有A4腰的辉煌。这些都是社交币“通货膨胀”的体现。为什么会产生通货膨胀？要么是东西少了，要么是货币多了。这类信息不再受关注，就是因为“货币多了”。人人都有，人人都玩，热闹一过就成了廉价品，相似的信息太多了，让人吃不消，结果只能是——社交币“贬值”。

这种现象也可以看作是过分寻找爆点的延伸。爆点有了，接下来就是信息轰炸。在大量的信息波中，人们容易得到刺激，容易奉献大量社交币，但也容易厌倦，容易产生审美疲劳。就像人的感情，轰轰烈烈的常常留不下什么，细水长流的虽然平淡却长久。爆炸性的东西给人们带来的快慰毕竟是一时的，想要保持社交币的价值，仅靠爆点是不够的。

那么，**社交币保值的关键在哪里呢？仍然在于核心价值的确立和维护。**风潮来了又走，风格不易动摇。为风潮关注你的人会随风潮而走，为风格关注你的人却始终好奇你有什么样的新动向。

不过，倘若你一成不变，也会渐渐失去魅力；倘若你因为想要保持活跃度而盲目跟风，你的周围就会多了吵闹，少了活力，你的自媒体将岌岌可危。没办法，社交币就是这么一个需要费心费力费头脑的东西。

现在我们已经知道，任何人的社交币都有可能遭遇通货膨胀，都可能会遇到“过气”的困扰，所以必须引起你的警惕。当你发现与你相似的自媒体太多，当你发现自己的话题已经不新鲜，当你发现你的平台活动量变少，当你发现你的粉丝已经产生了低迷情绪时，你的“通胀危机”已经到来。

不过不要紧张，办法是人想出来的，即使身在真正的经济危机里，依然有大把的人能够转危为安。你需要做的其实是认清现实，抛弃抱残守缺的落后想法，积极创新，勇敢进取，找出一条新路来。

拿什么拯救大众的审美疲劳与审美折旧

在探讨突破通胀新道路之前，我们先把“旧道路为何堵塞”等历史遗留问题研究清楚，只有清算错误才能拓展头脑，才能更加深入地了解通胀的成因和社交币贬值的原委。本节我们先来探讨这个问题：**跟风到底是不是一件划算的事？**

我们常常看到这样的情形：有人做了一个充满创意的吐槽视频，就有人不问自取地拿到自己的平台上去，以增加点击率；或有人会迅速做出另一款题材相似的视频；或有人根据该视频延伸出一些漫画和段子……总之，一个火爆的话题可以引发“搭顺风车”的高潮，令不少人借此“蹭人气”、吸粉丝，捡到一沓沓社交币。

跟风算是一种聪明的选择，社交币需要娱乐性，而事情有了娱乐性，就更容易被大家谈论，而跟着热点走自然少不了娱乐性。跟风等于在别人的热点中分了一杯羹，有点占便宜的意思。因为这一便宜是实实在在的，所以占的人始终很多。

可是，如果你一直只会跟风、看热闹、占便宜的话，你的社交币就很可能会持续性贬值，因为你的原创性太差了，只是一个中转站；更可怕的是，很可能会变成垃圾回收站。同样的时间，人们更愿意关注那些新鲜创意制造者的平台，而不是你。跟风注定了你很容易被他人取代，人们能够发现你就能够发现比你更有关注点的人，这时，你就是那个被抛弃的选项。

人们为什么要关注你的信息？其实质是一种审美上的取向，不论这个“美”是来自你的外貌、观点、商品还是才学，都是你身上具有独特的美的价值，人们才愿意关注你，也才愿意让你成为他们的社交币。**这个过程看似单向，实则双向：你从中取得了社交币，你也必须继续为他们提供社交币。**

是的，正是审美取向把你们联系在了一起。一旦关注者的审美口味变了，你会不会被他们移出关注列表呢？未必。如果你身上还有更多值得挖掘的审美点，他们同样会继续关注你。但如果你除了跟风、转发、抖机灵外一无所有，谁还会愿意花费时间对你关注下去？

比审美口味改变更可怕的是审美疲劳。如果你长年累月只做一件事，就像每天都要重复三点一线的工作，谁还有心情体味其中的美？而跟风者所做的恰恰就是这样一件事。尽管他们今天喜欢这个电影，明天喜欢那首歌，但人们最终会发现，他们不是喜欢，只是喜欢跟着别人的喜欢。当个性消失时，他们的魅力就再也不存在了。

所以，跟风而来的社交币不是没有价值，而是价值很低，太容易贬值。它带来的审美疲劳会令人越来越不喜欢，甚至想要取消关注、粉转黑、去吐槽讽刺。而长久没有改变的信息传播带来的是另一种疲劳，叫作“审美折旧”。当刺激性持续下降，兴奋点逐渐消失，存在感逐日减淡，“审美折旧”带来的并不是关注的减少，而是传播范围的逐渐萎缩。

审美疲劳和审美折旧也是社交币“通货膨胀”的一大元凶，埋怨信息接收者喜新厌旧、胃口刁钻或评论苛刻没有任何意义。一切矛头最终都会指向信息提供者。

技术性平台的没落，除了一部分外力作用外，大多是因为自身不再能提供更方便、更快捷、更有效的服务，因此被用户放弃。

流行形象的没落，是因为受众口味的变化，也因为自身没有足够迷人的内容去吸引更多的关注。

热点分享的降温，是因为时效性已过，那些信息持有者却没能利用最佳的时机去推出替换的内容。

热门商品会过季，是因为设计中缺少具有广泛性的审美价值，缺少深刻的内涵，因此生命力短暂。

现象级话题会没落，是因为未能揭示其内涵，更未能乘胜追击，把现象变为某种形象或文化，因此只能是茶余饭后的谈资。

自媒体丧失吸引力，始作俑者仍然是自己。那些过分诱导性的广告，把观众当成了傻瓜；过分自信的内容，并没有学到最新的潮流；过分套路的话题，却激不起人们的参与意识……这些都是令自媒体丧失吸引力的主因。

所有的审美没落都和生命力缺失有关。功利性的营销带来了规模，却没能带来灵感；跟风当“搬运工”转发别人的内容带来了热闹，却带不来长久的欣赏与关注；转发抽奖活动带来了新关注，却带不来新粉丝。信息分享的生命力只与真实和创造有关，认不清这一点，永远没有出路。

当你发现旧道路正在堵塞或已经堵塞，就不要留恋你的老形象、老粉丝、老规模了。留恋只会阻碍你前进的步伐，并加快它们的贬值。你需要转变思路，做一些不同的事。例如，去充电，去思考，去旅行，去向别人取经。

总之，不要因为害怕人气下滑，就拼命重复那些老话题，转发所有人都能转的段子。这些明显的手段只会让你的被关注度下滑得更厉害。如果新事物的孕育还需要时间，不妨迅速积累，努力寻找新创意、制造新热点，以使自己在粉丝们的期待中来个一鸣惊人。

好声音？好故事？好累！——社交币的疲软

这几年最火爆的选秀类节目莫过于“中国好声音”，当它第一次亮相屏幕时，着实令人耳目一新。有水准的歌手、导师们不知会不会转的椅子、充满悬念的战队……就连说话快得让人听不清的主持人，都显示出了这个节目的不一般。果然，《中国好声音》的收视率节节攀高，连那一年的入围选手都成了热门话题。

这是一档很成功的节目，这更是一座社交币的制造工厂。无论导师、选手还是电视台，都收获了满满的名气和人气，也给观众提供了一个夏天的热议话题。浙江卫视迅速跻身为国内一线电视台，导师和选手收获了大量粉丝，广告商们蜂拥而至，观众们的电脑和手机里塞进了各种各样的好声音……这是一次成功的节目策划，这是一次标准的“众赢”。

但是，没过几期，非议也随之而来。议论的焦点是节目中的选手自述环节，几乎每个选手都有一个非同寻常的故事，想听好声音的观众不得不听到各种精心安排的故事，这些故事未必虚假，却带着浓浓的宣传和煽情的味道。这很快令有些观众反感，甚至“粉转黑”。节目组太过追求故事效果，难免有夸张之处，也被搜索能力强劲的网友一一指出漏洞，于是选手的形象变得负面，节目效果也大打折扣。

其实“中国好声音”并不是第一个讲故事的节目，选秀类节目讲故事的传统源远流长，节目组想要找卖点和炒作点，选手希望加强评委和观众的印象，于是常常一拍即合；就算选手不乐意宣扬自己的经历，为了节目效果也只能配合导演的要求。“中国好声音”则把讲故事这一传统发挥到了极致，每位选手都有故事，后来，“中国好声音”被网友们干脆戏称为“中国好故事”。

这些故事泛滥到什么程度呢？看一看曾在微博上热传的一个调查：“一句话证明你看过歌唱选秀节目。”转发的人张口就来：“我是为了我的家人才来这里唱歌的”，“为了我的女朋友我一定要加油”，“如果我不唱歌我不知道自己还能做什么”，“我一直在寻找这样一个舞台”……可见选手的自我介绍已经成了套路，观众听到第一句就能猜到结局，这时候观众可能都想问一句：“还能不能好好唱歌了？”

当新鲜感退去，当赛制已然固定，当观众们渐渐厌倦了故事，“好声音”的社交币便开始出现贬值危机。当选手们要开口讲故事时，人们宁可去听主持人机关枪一样的广告词，这至少听着有趣。而“好声音”的疲软，让观众们开始把注意力转向了其他歌唱类节目，从而令“好声音”的优势逐渐变为劣势。

当然，“好声音”无疑是一档王牌节目，毕竟除了故事，它还有舞台与机会，有导师和选手的激情，有不错的歌曲和声音，它的生命期远远没有结束。但如果一直遵循原本的模式，缺少新的创意，它也会像其他原本火爆的选秀类节目那样，渐渐失去生命力，不得不落得个惨淡的收场。

从“好声音”的教训里，我们应该能够得到这样的结论：**过分重复一定会带来社交币疲软**。当你发现自己发布的消息有太多的重复，甚至成了一种机械式任务时，不用怀疑，接收消息的人早就发现了这一点，并把你当成了一个没有创意的人，于是你也就成了一个可被替代的ID。

切记，“反接受者”并不都是无情的，他们是会因为长情或惰性而继续选择你的，你需要提供的是在保持传统的基础上的创新，而不是重复毫无新意的传统。

“僵尸粉”到底有没有必要使用

你一定听过“僵尸粉”，它们和你的ID一样顶着头像，顶着名字，甚至还有个人简介，它们负责点赞，转发，刷屏，灌水，给你的粉丝数多添一个或几个“0”。因为活动机械，面目模糊，发言永远是那么几句，人们形象地将它们起名为“僵尸”。有时，网站系统会自动给你免费派送若干僵尸粉，恐怕你还曾纳闷：这些奇怪的人是从哪儿来的?

有需要才有市场。有些网站的排名靠的是人气热度，例如，统计点击数量，统计关注数量，统计转发数量，根据点击量或转发量进行推荐。这时，僵尸粉的力量就会显现，它们一齐发力，就可以把一个平淡无奇的帖子顶上热门。而且，粉丝是个位数，热度是个位数的日子不好过，花十块二十块买个热闹，人们也不反对。这就是僵尸粉诞生的土壤。

后来，人们渐渐了解了僵尸们的底细，于是越来越多人开始厌恶这些不请自来、随意行走的僵尸了。为此，僵尸粉商家与时俱进，开发出了新一代僵尸，这些僵尸做得越来越逼真，不但名字更有活力，头像更有内涵，在转发里还加上了关于你的关键词，还可以和你或你的粉丝聊上几句。当然，僵尸们经过设计的万用句式还是不能被仔细推敲，只要仔细分辨，仍能看出端倪。

僵尸粉到底有没有必要？这件事需要从两方面看。对于一个刚刚起步的小明星来说，粉丝太少容易被大家小看，这时候经纪公司会准备大量僵尸粉，靠转发、评论、点赞数来充一充门面。或者给买一些热搜，买一些话题，买一点广告等。这些其实都是僵尸粉战略的延伸，为的是以虚假的繁荣带来真实的热度。

效果怎么样呢？起初，这一招着实奏效。当热搜榜里突然出现一个陌生的名字时，当一条微博被大量疯转时，人们很自然会想了解一下这个人到底是谁，这条微博究竟有什么稀奇之处。于是，大规模的传播开始了。就这样，经纪公司达到了目的，人们也（暂时）记住了新人的名字。

很快，僵尸粉策略就显示出了它与生俱来的弊端：假。当人们发现被宣扬的“最美校花”其实并没有那么美、“最惊奇的绝技”其实并没有那么惊奇、被疯转的段子其实都是陈年旧货时，他们立刻就产生了被愚弄的愤怒。连带着，大家对僵尸们的主人也留下了很差的第一印象，并且还会愤怒地留言道：“没本事就别炒！”

短期使用僵尸粉大多不能达到良好的效果，长期使用僵尸粉更是灾难。一个账号主人孤零零地发表信息，转发的只有僵尸，点赞的只有僵尸，评论的还是僵尸，你能相信这个人有什么真才实学吗？即使有，人们也会被他的虚荣吓跑。毕竟，我们国家推崇“酒香不怕巷子深”、“是金子总会发光”，人们喜欢自己找巷子、挖金子，不想接受僵尸带来的礼物。

过多僵尸粉容易导致你产生信任危机，直接危及你的形象，让你的社交币迅速“通胀”。人们首先感到观感上的不适，好好的页面被一堆僵尸“走来走去”，看着心烦；然后质疑你的人品：虚荣心也太强了吧？买这么多僵尸号花了多少钱啊？再然后是怀疑你的能力：有能力的人用得着买僵尸粉吗？最后是觉得你的一举一动都透着一股僵尸味，毫无创意，对你取消关注了事。虚假繁荣的结局往往是一无所有。

社交网络上有许多令人生厌的行为，使用僵尸粉是最严重的一种。你有缺点，人们可以理解，因为人无完人，更加关注你的优点；你闹了丑闻，人们乐意看个热闹，好心的还会安慰你一番；你疯狂地刷屏、不停地自拍，至少也付出了个人的劳动……但僵尸粉算什么？它们只负责把别人厌恶的虚假行为重复了N次，自然得不到人们的认可。

人们追求活生生的真实，而不是“死尸”。**如果你为了一时的虚荣而用僵尸粉来制造虚假繁荣，就要做好日后无人理会、无人理解、无人同情的准备。**

当然，也不排除你是一个能做到天衣无缝、不为人知的天才，只等待一个疯传的机会就能让世人认识到你的可贵之处——如果真是这样，不妨大胆地使用一次僵尸粉。只要你名副其实，它们很快就会被真正的粉丝冲得无影无踪。除此之外，绝大多数时候，僵尸粉毫无必要。

“王室社交币”：英国王室的与时俱进，求新求变

想要在信息社会里生存，任何人都需要社交币，远在大不列颠群岛上的英国女王也不例外。让我们把镜头拉远，去海外走走，看看“王室社交币”会有怎样的市场。

在一个世纪以前，英国王室对媒体还有着很强的控制力，那时候的消息传

播渠道也不广，人们往往通过报纸去了解王室成员的近况，通过看他们的照片去猜测他们豪华而传奇的生活。这让王室始终蒙着一层神秘的面纱，从而激起了人们心理上的向往。

英国王室的传统宣传路线很简单：“王室人物参加活动——媒体拍照录像——传播给公众”；国王每年圣诞节在电台发表一次全国讲话，总结一年来的国家大事和王室活动；国王一家每逢节庆或国家大事时，都会亲自主持活动或者站在白金汉宫的阳台上向大家挥手。

人们看到的永远是王室光辉的一面，包括设计好的充满镜头感的照片，修辞节制的挑不出任何差错的发言。王室戴着光环，国王、女王、王子、公主一直都是童话里的形象。

然而，随着传媒业的不断发展，王室越来越无可遁形。报纸杂志尤其是小报的记者们无孔不入的拍照，让人们逐渐看到了王室的另一面。于是，官方报纸上有经过设计的完美的王室成员照，小报上却充满了他们的绯闻。小报上的各种绯闻消息更受欢迎——人们更愿意看高高在上的王子、公主们闹绯闻，于是，王室形象开始蒙尘。

在一段时间内，王室甚至受到广泛的批评，人们不但指责他们闹出的那些不像话的绯闻，还对他们的生活产生了诸多负面的猜测。

如何在新时代树立起王室的新形象呢？英国王室痛定思痛，决定改变往日一味神秘的路线，开始走“亲民路线”，逐渐开始接近民众。他们请电视台的摄像师和记者走进白金汉宫，让人们可以在屏幕上看到女王的生活，看到查尔斯王子和弟弟们的玩耍，看到王宫里的景物和王室成员们的爱好。这是一次成功的尝试，让王室成员走下了神坛，变得亲切、近人。

这也是英国王室赚取新媒体社交币的开始。他们开始意识到形象塑造和互动有着莫大的关系，与其把消息的发布权交给记者，还不如把主动权牢牢地抓在自己手里。

此后，王室和媒体的关系越发密切，王室成员的婚礼媒体能全程跟随报道，最著名的莫过于查尔斯王子和戴安娜的婚礼。这个话题度持续了至少20年，不，也许30年，就连这对夫妇的儿子结婚，新娘都不忘从戴安娜的婚纱上汲取一些元素，向已经去世的婆婆致敬。更不要说关于戴安娜和查尔斯的恋爱、结婚、婚内出轨、离婚，再包括戴安娜的成名和去世这些人们耳熟能详的故事。

戴安娜离婚时，和王室闹得极其不愉快，还狠狠地讨要了一笔赡养费，王室对戴安娜也颇有微词，双方关系十分紧张。但是，即使在这样的情况下，王室依然保留了戴安娜的王妃头衔。

婚都离了，戴安娜除了是王子们的生母，和王室还有什么关系？如果查尔斯再娶，谁是王妃？

这些有什么关系？王室需要戴安娜的话题度，戴安娜需要王室的光环，在保持社交币的问题上，双方很容易达成了一致。戴安娜无论做什么，人们首先会想到她的身份——英国王妃；戴安娜在世界各地做慈善献爱心，靠的也不是她“斯宾塞伯爵小女儿”的身份，而是英国王妃头衔带来的影响力。就连她的葬礼，也由王室全程出面——对前媳妇、前妻如此优待，你听过第二个例子吗？

为了与时俱进，王室早就成立了自己的宣传部门和公关部门，专门应付新兴媒体。王室成员们更加乐意与媒体打交道，甚至主动打交道，以开辟自己的事业和财源。

威廉和凯特的婚礼更是把话题玩出了全球境界。人们本来就想看看这个全球所剩无几的古老王室之一是如何举行婚礼的。于是，王室大方地出售直播权、广告权，索性让大家都参与进来，一起狂欢，为的就是让人看看君主制这个老古董依然根深蒂固，英国王室依然有活力、有影响力，顺便还赚了一大笔钱。

2012年，凯特王妃怀孕，关于王妃的报道从来就没停过，更有澳大利亚媒体记者冒充英国女王的声音，给医院打了个电话，询问王妃的身体情况，从而闹出了大新闻。一时间英国民众纷纷指责澳大利亚媒体，王室则表现得很大度，没有过分追究记者的责任。王室与媒体就这样愉快地相处着，并顺利地迎接了继承人乔治小王子的诞生。

王室的下一代也在身体力行地参与着网络活动。威廉和凯特的小王子乔治出生后，成长状况经常被报道。这位小王子自带高冷属性，无须挖掘话题即自成话题。

还在襁褓里的他就要跟随父母参加各种活动，进行国事访问。不论他去哪里，见了谁，脸上总是一副爱理不理的鄙视表情。当他的父母竭力对人民、对外国友人表达亲切友好时，他却不是皱眉就是撇嘴，尽情表达自己心中的不爽。

不过，这位任性小王子并没有被扣上“耍大牌”的帽子，反而因为他带着鄙视的小表情而成了新一代网红婴儿，并通过“乡巴佬表情包”迅速流行。

王室的反应也很迅速，放出了小王子平日和父母一起玩耍的照片——原来，小王子平时也这样，对他父母同样是一脸的嫌弃。

好吧，不论王室还是全世界的网民，都已经接受了他的嫌弃表情。不得不说，比起亲切的父母，小王子更为独特，更有市场，更有娱乐性和话题性，更容易给网民们提供社交币。

而后，凯特王妃又一次怀孕。这一次，婴儿的性别成了大众的热门话题，大家都盼望着王室能多一位可爱的公主，但王室却保持缄默。这个话题居高不下，导致博彩业的下注热潮来袭。随着王妃临盆日期的临近，人们越来越兴奋，当凯特王妃生下了小公主夏洛特后，英国BT通讯公司直接拉出了“It’s a girl”的横幅，伦敦塔和大本桥发出了粉红色灯光，整个伦敦都变成了粉红色。

王室也在推特上发出了乔治王子抱着小公主的照片，照片上的乔治王子终于一改他的高冷表情，抱着妹妹露出了笑容，并亲吻妹妹的额头以示哥哥的爱。查尔斯王子还趁机在自己的网站上贩卖手工婴儿鞋，王室也接下了一些和婴儿相关的商品广告……夏洛特的出生，预计会给王室带来1亿英镑的收入。

为什么说“话题度就是资本”呢？什么是社交币的变现呢？这就是活生生的例子！可以说，从前的英国王室一直在媒体之上，现在的英国王室一直在媒体之内，而且，他们对媒体的运用越来越娴熟老到。既然他们的一举一动都会受到重视，他们的衣食住行都被关心，这天然的社交币大有可为，所以自然要善加利用。他们也确实运用自如。

王室巩固着自己的形象，而且，他们永远会保留一丝神秘感。例如，你永远别想在女王的讲话中听到网络用语，她只会说最纯正的伦敦腔、最正统的官方话语、最正经的内容。

这样是刻板吗？非也。在这个时代，这些都是最稀有的东西。一味地跟随潮流，就容易丧失本来的味道；而保留传统，才是王室魅力的源泉。这种“留一手”策略，也是王室社交币价值的核心。

这把“王室社交币”，你看明白了吗？

多研究问题，少宣扬套路，就不会有社交币“通胀”的顾虑

大V们经常感叹：“现在的广告越来越不好做了！”可不是吗，看看那些曾经有百万粉丝的微博娱乐号；有人靠透露娱乐圈内幕增加知名度；有人靠去国外网站收集各种图片成了新资讯首发地；有人靠画画、写段子收获粉丝，再靠名气帮商家打广告得到广告费，或者干脆自己开一家小店，等等。在自媒体的起步期，他们成了第一批受益者，至今拥有大量社交币。

网络没有门槛，自媒体同样不设限，粉丝口味变得很快，段子手越来越多，花样也越来越多。如今，昔日曾风光无限的大V们有的已被冷落、被遗忘，当他们必须绞尽脑汁地将广告塞进段子后，结果也不过是被人说一句“营销狗”，越来越多的人拒绝为他们点赞和转发，令他们的社交币正在不断“贬值”。面对这种情形，他们该怎么办呢？想要改变这种状况，只能提高技术含量，多一点真诚，少一点套路。

创意依然是第一要素。聪明的段子手和粉丝玩起了捉迷藏，他们会把广告巧妙地植入到充满趣味的段子中。“天才小熊猫”是这方面的高手，他为商品做广告时总能让人会心一笑，创意远远多于商业本身。此外，他会用幽默简短的语言总结各类时事，给粉丝带来知识和乐趣。英国脱欧，他第一时

间推出了一篇《帮大家简单总结了一下英国退出欧盟的前因后果》，图文结合，令人捧腹，轻松获得十几万人的转发——别具一格的人，永远不会缺少社交币。

真诚是一个重要因素。也许你没有那么多灵光的想法，但至少你要有知识含量和技术含量，或者审美含量。比如，有人做化妆品广告，写了一篇关于《红楼梦》的文章，详细分析凤姐的性格为人，文章写得很好，即使加了个广告的尾巴，也能让人莞尔一笑。粉丝们并不介意广告，前提是你要真诚，否则你的套路再深，别人也不会把你当真。

套路有哪些呢？一堆老生常谈的鸡汤名言，然后加一个广告；一堆早已过时的娱乐新闻，然后加一个广告；一堆似假非假的八卦秘闻，然后加一个广告；一个不知道有没有结果的抽奖，然后加一个广告……如果你只知道玩弄套路，套路就会把你的形象套牢，结果是你再也不会给人新鲜感。如果是这样，还不如真诚一点，老老实实地加点实料呢。

套路是死的，人是活的，活人如果被死套路憋死，怪不得别人。研究套路不如研究问题，套路给出的是热闹，问题给出的必须是答案。你不必当个专家摆着高深面孔，只要你有科普的能力，只要你有基本的语言组织能力，只要你关心时代的发展，只要你愿意多查点资料，就可以在网络上成为一个有智慧的人，并在"问题"这个硬货币下保持你的社交资产，期待飞跃。

那么，我们应该研究什么问题呢？

一、常识问题

有常识的人才可能有见识。在低头看手机的时代，人们期望能在手机上得到娱乐、放松，还有知识道理，他们想要看看世界上最新的科技成果，宇宙探索达到了什么水平，AlphaGo的原理究竟是什么，爱因斯坦预测的引力波是什么，高铁提速的基础是什么，空调是谁发明的……换句话说，当人们都关心热点时，你要扩充这个热点，普及相关知识，借着热度显示你的博学；当热点过去后，人们依然期望你能带来更多的知识。当你能做到这些时，你就不会有社交币"通胀"的顾虑。

二、文化问题

文化难免高深，让人望而却步，但谁不想当个文化人，在言谈之间带着古往今来的风韵？所以，人们也想知道民国最走红的京剧名角是谁，历史上最有名的30句情诗是什么，国学到底有哪些内容，鲁迅先生写的最深刻的文字是哪些，唐诗和宋词各有哪些特点，鸟巢的设计到底使用了哪些古典因素……用轻松的语言和人谈谈文化，深入浅出，恰好迎合了人们对“深度”的追求。当你能做到这些时，你就不会有社交币“通胀”的顾虑。

三、历史问题

历史是个取之不尽的宝库，擅长说历史的人从来不会没有观众，一代代说书先生谈着历史大事和传奇人物，他们什么时候没有人捧场了？现在，他们还在电视上说三国说隋唐说大清，在网络上写秦朝写汉朝写明朝。只要你下一点功夫，多翻几本史书，多拓展一下视野，无论是说正史也好，还是说野史也好，或是总结“历史上最美丽的十位妃子”的八卦也好，只要别太浮夸油滑，你就绝不会缺少关注者，就绝不会有社交币“通胀”顾虑。

四、情感问题

情感问题，其实就是上一章详细说过的“情感分享”。当然，这里强调的不是分享，而是分析；不是要网友出谋划策，而是要以“过来人”的身份切中要点、指点迷津。套话人人会说，但说得恳切又好听，却也不容易。人人都可能有情感问题，只要你有犀利的眼光，任你当头棒喝也好，温言细语也好，总会有人想来学几招。巨大的情感需要保证了你的话题度，因此你就不会有社交币“通胀”的顾虑。

五、娱乐问题

娱乐至上的时代，人们都在关注娱乐现象，但追捧并跟随着说闲话的人多，从中总结出真知灼见的人少。无数人曾关注过黄、晓明霍建华的婚礼，但又有几个人从中透视过娱乐圈婚姻的种种形态？分析人们的娱乐心态，洞悉娱乐背后的大众心理，分享娱乐潮流代表的国际意识，人们也想在娱乐的时候，提升一下自己的内涵。若你能做到这一点，那么有内涵的你，当然不会有社交币“通胀”的顾虑。

你可以专注地研究一个问题，当一个话题达人，把话题代入深刻、经典、高度等type，让传播者产生“跟这个人对话我也变高级了”的感觉；也可以研究各种问题，尽情展示你的博学，并增大粉丝的基数。**套路是有限的，问题是**

无穷的，学会分析问题、拓展问题、利用问题，让跟着问题看热闹的人们看到你——掌握这项绝技，你就绝不会有社交币“通胀”的顾虑。

永远开辟新思路，才是高人一筹的营销宣传

2016年初，最让人羡慕的不是年终奖拿了多少，不是有了男朋友或女朋友，不是阖家团圆岁岁平安，而是你有“敬业福”。你只需说一句“我有敬业福”，立刻就会成为人群中的焦点、朋友圈的偶像，而那些还没拿到“敬业福”的人，则兢兢业业，抓心挠肝，绞尽脑汁地加好友，希望自己成为那个万中选一的幸运儿。

“敬业福”是什么？你可以理解成淘宝回馈新老用户的新年红包，可以理解为支付宝增加用户的宣传手段，也可以当成阿里巴巴斩获社交币的又一项独门自创秘籍。总之，它的出现让全国网民为之疯狂，它为阿里巴巴进行了又一轮成功的产业宣传，且不着痕迹。

2016年1月，支付宝拿出了整整2亿元人民币，号召大家一起参与信念集福活动，只要集满“富强福”、“和谐福”、“友善福”、“爱国福”、“敬业福”，就可以与所有集齐这5个福字的人平分那两个亿的奖金。

顷刻间，网民们的注意力全都被这“两个亿”吸引了过去。没错，足足两个亿！——此时，他们根本没有时间考虑“与所有集齐5个福字的人平分”代表什么意思，他们看到的只是一个发家致富路上捡钱包的机会！

那么，怎么玩？玩法并不复杂。首先，你要有一个支付宝账户，然后，只要你添加好友就有机会得到“五福红包”。那段时间，全国网民都在弄支付

宝加好友，恨不得把认识不认识的人全都加进来。“富强福”、“和谐福”、“友善福”、“爱国福”都很容易拿到，唯独这个“敬业福”，始终没听说有人抽中。于是，人们的期待值更高了，这说明能拿到五福的人少之又少，到手的钱也就更多。

没有谁不知道，这是支付宝策划的营销活动，为的是增加支付宝用户。在此之前，支付宝屡屡和实体商家联手出击，只要使用支付宝付款就能享受减免；在网上购物，也有下载手机支付宝的优惠价格和大红包。

不过，支付宝有一个强大的竞争对手——微信。微信支付也正在走红，特别是微信的红包模式，绑定了多少人的银行卡啊，同时也抢走了支付宝的不少风头。

支付宝怎么可能会认输呢，除了加大优惠力度以吸引人外，还要搞出大动作弄到人尽皆知。于是，“集五福，分两亿”活动轰轰烈烈地上线了。就算所有人都知道这是一次营销活动，但没有人能抗拒得了2亿元的诱惑。何况，安装一个支付宝加一个好友又不费什么时间，又没有什么损失，还能享受其他优惠，这何乐而不为呢？支付宝很有诚意，到了2月份，奖金增加到了2.15亿元人民币，更让网民们看到发财的希望。

大年夜，人们一面忙着抢红包，一面还要盯着春晚的“咻咻咻”活动，那是得到“敬业福”的最后机会。大年夜过后，支付宝如约开奖，全国共有791405人集齐了五福，平均每人分到了271.66元，尾数还挺吉利。奖金虽然没有想象的丰富，中奖的人也很高兴，没中奖的人就当是玩了个游戏，一场年初大戏就此落下帷幕。

支付宝会不会再来一次集五福？肯定不会。再玩一次，人们就不会再认为自己是在为两个亿努力，而是很清楚地知道自己是在为不到300元人民币努力，大家不会再有那么大的热情了。以阿里巴巴的宣传水平，肯定不会再去做这种没水准的宣传。

要说利用网络媒体做宣传，阿里巴巴一直走在前列。依靠网络平台发家，不断解锁广告宣传新姿势，打通国际购物平台，还弄出了一个“双11”来让人们下血本购物。宣传一浪高过一浪，影响一年大过一年。2015年的“双11”购物节，干脆开了一个群星荟萃的晚会，来进一步扩大其知名度。各路明星还在自己的微博上为粉丝派发天猫购物红包，瞧，不但利用明星宣传，还把明星的粉丝圈带进了购物圈。

这是一种全新的多角度宣传，以商业资本为底，宣扬的依旧是全民共享的精神，而且为顾客带来了真正的娱乐与实惠。你担心阿里集团会赔钱？你知道这些宣传省了多少广告费吗？不计其数。

永远开辟新思路，这就是高人一筹的宣传。换着模式，换着花样，抓着时间，对准人们的心理需求，无孔不入地宣传，这样的社交币才会越来越火爆！

新瓶既要会装旧酒，又要会添新酒

曾在很长一段时间里，“××大学辩论邀请赛”、“第×届大专辩论赛”等赛事开展得如火如荼。每逢赛事开展的时候，就会有很多人守在电视机前、电脑前，看着正反双方的辩手陈词激辩，欣赏着他们的舌灿莲花、儒雅风度、渊博学识。不知不觉间，这些辩论赛正在不断降温，人们也许已厌倦了“请问正方辩友”和“不知反方辩友作何解释”；也许网络上太多的节目充斥了人们的视线，这样的传统节目正在过时，正一步步走向被人遗忘的角落。

难道一切传统都注定要被现代化的宣传手段挤压，直到最后没有了立足之地吗？当然不是。看看火爆一时的“奇葩说”吧，看过后你就会知道，辩论远远没有过时，口齿伶俐依然让人欣赏，思维敏捷依然值得称道，激情辩论的刺激并不亚于一场万人瞩目的足球比赛，选手们的个人魅力亦堪比明星偶像——这一切，都取决于这档新型辩论赛的成功包装。

如果《奇葩说》这档节目的选手们还是按照从前的辩论赛规格，依照组织组队，在赛场上相遇，正方反方套路陈词，蔡康永、高晓松负责当评委决定胜负兼给予数句点评，那么它就只是一档普普通通的辩论节目而已，选手则囿于发言时间而不能尽情展示个性，导师则囿于身份职责而不能释放自己的风采……如果真是这样，“奇葩说”还会有多少看点呢？

高明的制片方打出了“奇葩”这一“天怒人怨”、夺人眼球的概念，大力宣扬“不是奇葩我们不要”，男老师们干脆在选择选手时穿上了裙子，身体力行地告诉观众们“我们就是这么奇葩”。这时，风暴一样的宣传效果便产生了，人们都很好奇这档节目究竟要干什么，这些奇葩中选出来的奇葩究竟会有多奇葩！

要的就是观众们的好奇！当好奇心被调动起来了，节目的质量就成了续航的关键。让观众们欣慰的是，一众奇葩保质保量，马小姐范小姐，肖先生颜小姐，针对热点问题自选观点，唇枪舌战，针锋相对，看得观众们大叫过瘾。

辩论还是那个辩论，却一改沉闷的形式，变得火热流行。很快，“辩圈”形成了，各种辩论赛纷纷展开，人们对辩论赛又产生了浓厚的兴趣。

注意！**这表面上看是换了一个新瓶了，其实又不仅仅是新瓶装旧酒，因为酒里也加进了新配方**。就拿“奇葩说”来说，在这个赛场上，你看不到过去的传统辩题，而是火辣辣的新配方：“女人应该靠男人还是靠事业”、“相亲要不要AA制”、“ 到30岁是做稳定的工作还是追求梦想”、“举报作弊我错了吗”、“没有爱了要不要离婚”……全都是当代人需要面对的各种纠结，尖锐直接，不藏不掖，让人不但能跟着看热闹，还能跟着思考。如果条件允许，恐怕自己也要上去说上几句——这就是对参与感的重视，观众即使不在现场，也在思想上参与了这场辩论。

有新想法，就算过时的东西也能重新流行；没有求新意识，就算有价值的东西也会被掩盖。这样的事实是不是也让人有点无奈？远程教育遇到的情况就是如此。

教育是一个长盛不衰的话题，如何提高知识水平则是一个很多人在探索的热点。在图书出版市场，很多曾火爆一时的话题都陷入了低迷，直至无人追捧。然而，教辅图书却一直维持着它的高价格、高销量。这正是“教育”这个话题一直火热的反映。可是，网络教育在应用了互联网技术后，却始终没能占有它应有的份额，为什么呢？其实并不是大家不爱学习，而是教育机构的宣传策略太过传统。

广告当然有，五花八门，让人心动手动，点进收藏夹。可是，每一份宣传都说得天花乱坠，于是，太多的选择让人们没有了选择；于是，学习的念头不了了之，或者干脆被别的机构吸引。

内容当然有，但形式脱离不了录像和讲授，既不在多媒体教学上下大功夫，增加参与者的知识体验；又没有特别方便的交流区，真正实现名师辅导和高级交流，所以，网上的教育课预约的不少，真正去上课的人不多，真正听得完的人更少。

名师当然有，但名师本人还没有转变观念，还没有互联网思维，不了解当代年轻人的特点，于是年轻人嫌名师照本宣科，名师嫌年轻人心态浮躁，结果双方产生了对立情绪，互相应付敷衍，教育也就成了纯粹的交易行为，令双方都很失望。

其实，教育也可以很娱乐、很年轻、很个性、很花式。也有一些火爆的节目吸引了观众，它们也极有教育意义。例如汉字大赛，让人们注重书写；例如成语大赛，让人们注意到了汉语的博大精深；例如一站到底，让人们得到了更多的知识。这都是教育，鼓励竞争，鼓励交流，鼓励创新，鼓励大范围参与；这才是网络教育应该遵循的思路和规则。

即使有了新瓶子也不要扬扬得意，因为跟风者马上就到，后浪将会一浪高过一浪。你以为自己能一直保有江湖地位？天真。山外有山，天外有天，人外有人，你能做的就是尽量走快一点，在新瓶子变旧之前继续换新配方。

让我们来看一看某位微博大V的蜕变历程：

最初，这位博主依靠自己的英文功底，在国外网站上收集了很多的笑话与有趣的图片，还有热点新闻，翻译成中文来与大家分享。

随着相似的微博越来越多，这位博主不再有优势，于是自己开始总结一些国外的热点新闻，以诙谐的语言去分析这些新闻，让粉丝们既长了见识，又会心一笑。当然，老本行也一直在做，只是转载的笑话和图片更加精华。

当图片评论的方式也开始流行后，这位博主便汲取了UP主们的智慧，开始推出自己的视频，内容同样是总结外国热点新闻或者点评热点现象，同时继续发扬从前的优点……

现在，这位博主的微博粉丝已经超过千万，博主平日也发广告，但人气没有任何衰退的迹象。

可见，想要保持人气，避免社交币的“通胀”，就一定要与时俱进，不断拓展自己的内容与形象，多换几个包装，既要有熟悉的配方、熟悉的味道，又别忘了加进新的尝试、新的刺激，这才是粉丝们的终极追求。

找个好拍档，强强联手才有更大突破

一个宣传方法总是行不通，一个话题总是不火热，一个模式总是不能引起大众的关注；或者因为时间太久，原本受欢迎的方法、话题与模式如今都变成了鸡肋，再也不能维持热度了。这些情况也会让你的社交币进入到“通货膨胀”状态。

也有这样一种情况：你想要推广社交币，却挤不进市场，找不到信息接收者。这也是市场饱和带来的社交币“通胀”。这时，你也许该考虑找个搭档一起打破困局，靠强强联手来实现困境突破。

在一个讲究双赢甚至多赢的时代，只要你有诚意，不难找到合作者。**关键是，该找什么样的合作者？**让我们来详细说一说乐视与“我是歌手”这档节目的关系。

看到这句话，你也许会愣一下：“‘我是歌手’并不是在乐视上播放的！”没错，“我是歌手”是“芒果台”湖南卫视的王牌节目，乐视只是这个节目的赞助商。但它却靠着赞助商的地位，成功地拉拢了节目的粉丝，进一步提高了自己的名气，并把乐视超级电视与这个成功的节目牢牢地联系在了一起，给人以深刻的印象。这种成功的宣传很值得我们借鉴。

先来说说乐视。乐视成立于2004年，最初是一家网站，也像很多视频网站一样播出各种电视剧和综艺节目。不过，乐视网看准了互联网的发展趋势，强调版权和付费，并大量开展广告业务。随着国家对电视版权的重视，乐视的策略大获成功。此后，它开始签影视剧的播放权，并推出P2P平台，开发手机播放软件，结果获得了一系列荣誉，并成功上市。

乐视持续铺开自家的平台，2013年与富士康携手，推出了乐视超级电视。这是一次大胆的跨界行动。想要从网络播放平台打入电视市场，需要面对众多的竞争对手，它们有多年的品牌与口碑，它们的产品不断升级换代，它们有强大的技术支持，最重要的是，它们是人们观念里根深蒂固的“电视”。买电视的人首先想到的是三星、海尔、TCL，谁会想到乐视？

如何宣传这个不被看好的电视呢？普通人想到的自然是广告——启用自家媒体铺天盖地地做广告，花钱请明星请代言做广告，甚至利用现有产品捆绑推销新产品。乐视不愧是新媒体起家的公司，直接绕过了这些思路，他们看得很明白，靠传统广告是挤不进电视市场的，找再多的代言人也不能代替人们根深蒂固的观念。

于是，乐视干脆放弃了大规模广告宣传，绑定了一档歌唱节目，这就是“我是歌手”。明眼人都看得出来，这是电视台为了对抗那一年最火热的歌唱节目而制作的另一档节目，必然全力以赴，不容出现任何差错。请来的歌手全部是早已成名的实力唱将，每一首歌都堪称精品，最终让观众们在经历好故事、好眼泪的洗礼后，又重新拾回了欣赏好音乐的热情。

“我是歌手”无疑是又一档成功的节目，不但让电视台多了一张提高收视率的王牌，参加比赛的众多歌手得以重新走回公众视线，也让取得冠名权的乐视超级电视大大地露了一把脸。观众们一路看选手、看节目、看后台、看主持人，到处都有乐视电视的logo植入，产生了洗脑式的宣传效果。但凡看了这档节目的人，谁还不知道乐视出了电视？当主持人们在超级电视里和选手进行交流时，人们也想试试家里有这么大的电视的感觉。

节目的质量为赞助商带来了好感。这是一种潜移默化的影响力，看似没有因果关系，其实作用力巨大。人们认为一个好的节目的赞助商必然也是好的，它们必然有共同点——追求精品。这看似是观众们一厢情愿的想法，但这的确增加了乐视超级电视的购买率。不只乐视电视热销，“乐视”这个品牌也获得了进一步的宣传推广。可以说，**这是一次成功的商业投资，其效果远远超过了传统广告。**

企业也好，机构也好，大型网站也好，想要向更大规模发展，必然需要合作。特别是在跨界发展的时候，合作伙伴的选择尤为重要，考验着决策人的眼光和决策能力。选择实力相当的对象固然理想，但选择有发展潜力的对象更有前途——在众多“后好声音”的节目中选择强调歌手实力的“我是歌手”，排除了形形色色的选秀节目，这就是乐视的好眼光。

合作之前就要考虑效果，追求“一加一大于二”。数量上的叠加未必有意义，互补性搭配既能扬长避短，又能在彼此的不同中激发出新火花。就拿近年流行的歌唱组合来说，但凡注意互补搭配的都取得了不错的效果——一个有短发男孩气、甜美纯真气、黑长直文艺气的组合，以各种气质秒杀不同粉丝；而那些缺乏定位，单纯把美少女、美少年拉到一起的组合，却很难有高人气。

既然合作，就要追求强强联手。企业如此，个人也一样。寻找搭档的原因很简单：自身发展有局限，寻找优势互补。这就需要仔细分析自己的社交价值有何优势以及劣势。劣势部分倘若不能通过自身努力加以弥补，就需要寻找旗鼓相当的合作伙伴。一位画功厉害的画师想要搭乘“流行条漫”的顺风车，自己却想不出好故事，这时一个出色的脚本作家就是他的最佳选择；同样，一个文字作家想让自己的作品给别人留下更直观的印象，大多会考虑找一位画面有震撼力的插画家，用图片去率先吸引住读者的眼球。

有时候，搭档不只是为了互补，还是一种资源整合，合并双方的平台，吸纳对方的粉丝，并通过双重影响力，去产生更多更大的传播效果，得到更庞大的粉丝量。所以，每一位名人都会有几个“死党”、“闺密”、“CP”，偶尔互动一下，制造一些话题，就会产生出其不意的爆炸性传播效果。这时，大家都可以趁机制造持续性的话题，让自己的形象又增加一重色彩。

在互联网上，如今更是合作无处不在，不会合作的人反而很容易被淘汰。

合作需要诚意，也需要一定的策略，**同类合作增大影响，互补合作扩大优势，逆向合作制造话题，长期合作稳固价值，偶尔还要联手炒作，和睦与不和都是炒作的话题，能引起局部爆炸，增加关注度。**

需要注意的是，无论哪一种合作，都不要丢掉自己的独特价值，否则，你的形象就会被合并甚至被吞没，你的社交币也将成为别人的附加资产。

制造强劲卖点，突破社交币“通胀”瓶颈

在通货膨胀中寻找商机是一件需要创造力的事。唯品会的成功，为电商们提供了新的商业途径，这与它对自身的准确定位密不可分。唯品会的定位是什么？一家专门做特卖的网站。这就让它和其他电商有了本质区别，同时具备了鲜明的个人风格。

在各大电商的平台上，各种打折低价优惠的措施层出不穷，唯一的目的就是促进消费。“尾品销售”是其中的一个环节，特别是厂商需要清理库存的时候，折扣就会非常低，也是许多用户买进的好时机。不过，折价品并不是大电商们的战略重点，它们提供的尾货不论型号还有款式，都会受到数量的限制，更不能形成规模。

唯品会看到的就是这个市场空间。厂商常有大批量库存需要清理，如果把各大品牌的尾货库存集合起来，专门搞特卖，必然会吸引一大批客户。而厂商因为急需清理库存，也愿意合作。于是，一家专门卖尾货的网站便诞生了。

尾货有什么特点？最大的特点是价格低，只要平常的1/2或1/3甚至更低的价格，就能买到品质一样的货物。而且，唯品会选择大品牌或有质量保证的小

品牌合作，更让人们享受到了占尽便宜的快感。唯品会打出的“百分百”正品的承诺，则消减了人们“便宜没好货”的顾虑。至于款式旧、样式老这些缺点，在极具诱惑力的低价面前，全都可以忽略。

厂商看到了唯品会庞大的客流量和交易量，想要清仓，一天甚至半天之内，仓库里积压的货品就会被唯品会会员们抢光！这极大地节约了厂商的时间和成本。越来越多的厂商选择与唯品会合作，合作增多又为网站带来了更多的商机，唯品会每天都会更新的尾价商品，保持着关注度，持续扩大自己的影响力。于是，良性循环形成，粉丝只增不少，只要没有更新的方法或更有竞争力的平台出现，唯品会的尾货优势就会一直持续下去。

无独有偶，途牛网也靠“特卖”推动了自身的品牌价值。作为一个挂牌纳斯达克的旅游网站，途牛的业界地位不容动摇，它本身搞的是旅游业务，而并非互联网业务，只是借助互联网这个平台翻身一跃，从而成为业界翘楚。它批量购买旅游套系产品，再包装一番，然后推给客户，以赚取差价。

谁又能想到，如此大牌的旅游网会将特卖作为自己的拳头产品之一？打开途牛网网页，特卖、尾货和秒杀档占据着显著的位置。有些是旅游团临时掉位，有时是网站推出的特价旅程，性价比极高的特卖带来了快速清仓的销售效果——和唯品会的方式是一个道理。

社交币通货膨胀，实质是个人形象遭遇到了瓶颈。形象与社交币息息相关，形象无法拓展，社交币便无法增值。当品牌无法进一步推广，当用户已经饱和无法吸引“新鲜血液”，当宣传路子太窄无法拓宽时，“通胀”危机就会产生。此时，最有效的办法就是制造一个卖点或热点，以吸引更广泛的关注，让个人或品牌形象趁机提升一个台阶。

我们最熟悉的形象瓶颈莫过于“转型”，偶像派歌手想要向成熟转型，或者向影视界、时尚界进军，其根本原因都是他们意识到自己的黄金期即将过去，形象分很快就要大跌，必须尽快跳上新的平台、建立新的形象。有些人转型成功，比如，从优质少女偶像转向歌舞天后的某台湾女歌手；同样是以可爱清纯形象出道的另一位女歌手，却在转型时力不从心，渐渐失去了人气，陷入事业的低谷。

众所周知，当社交币达到价值饱和时，我们需要换一个更大的平台去将它释放。为什么只有少数人能够制造成功的转型、转移、跳跃，让人接受？大多数人的转换尝试为什么失败？恰恰是因为后者不擅长制造卖点，未能在转型初期引起广泛的关注，也未能形成接受的潮流。

那么，为突破社交币“通胀”瓶颈而制造的卖点需要哪些条件？

1. **发挥原有的优势**

遭遇社交币瓶颈的人必然有一个相当规模的社交平台，遭遇品牌瓶颈的产品必然有一群有一定忠诚度的用户，在这里我们统称为“粉丝”。粉丝被某种特质吸引，也因为这种特质的吸引度下滑而选择离开，与其另辟蹊径，不如在原有的基础上翻出新花样，重新吸引粉丝。

仍然以途牛网为例。途牛网的优势在于它不是单纯的旅游中介网站，而是拥有产品的定价权，所以它能够自由决定产品的价格和配置，这就是途牛网的优势，也是它与其他中介旅游网站的最大区别。所以，它决定推出特价服务时，就能把价格压到真正的低点，进而造成顾客蜂拥而至的抢购效果。倘若途牛网推出的不是特卖，而是令人望尘莫及的高端旅游，这是所有旅游网站都可以推出的项目，它依然得不到优势，甚至会偏离网站的定位。

2. **独特的话题性**

卖点就是话题，人们每天都会面对很多话题，却未必会留意你制造的那个。所以，想要打一个翻身仗，就必须制造出足够轰动的话题。商家喜欢用“跳楼价”、“一折”等来吸引消费者，就是这个道理。可如今跳楼和一折都不稀罕，想要制造话题，就要尽量开动脑筋。

天猫曾经推出过一个奇怪的广告，它使用广泛的传播媒介打出了“苹果”这一话题，神神秘秘，并给出了具体的开售日期。人们以为苹果手机即将发售新品，但苹果官网上并没有相关消息。那么，这一神秘的“苹果”究竟是什么？越来越多人对此感到好奇。谜底揭开，原来是来自新西兰的优质苹果，“苹果新品种震撼发布”——原来是在卖直供水果。因为水果看上去不错，广告做得也很有诚意，这种行为并没有引起反感，反而有不少人在当天下单，想要试试价格并不低的新苹果。这样的话题足够独特，足够吸引人。

3. **利用免费等手段，进行病毒性营销**

转型不是一句话的事，它需要扭转人们长久以来的观念，让人们被迫接受一种新形象。转型不成功，就是人们接受失败。所以，要尽可能地降低人们的接受障碍，实现顺利过渡。这个时候，免费体验又一次成为“拉拢人心”的有效方法。

我们很多人都曾遇到过类似的事：买一袋洗衣粉时突然被赠送了一块免费的小透明皂，这是该公司开发了皂类产品，通过这种形式打广告；一份10元钱的杂志某一期突然买一赠一，多了一本新杂志，这是该杂志社的新刊，希望得到老读者的重视。给人实惠，进而提高顾客的接受度，如果资金更充足，更可以通过免费派送来进行病毒式营销，让新产品人尽皆知，带动第一波关注热潮。在这个过程中，不能过于压缩成本，否则无法展开大规模的宣传。当然，最好的办法还是制造一个独特的热点，争取免费传播。

4. 尽量不要使用负面营销

负面营销的功效人尽皆知。人们对丑闻和事故的关注率高于对正常消息的关注率，负面新闻很容易成为热点。辟谣及时，公关恰到好处，往往能够巩固自身的新形象，圈大量路人成为自己的新粉丝，听上去，负面营销真是个低成本、高效率的办法。

但是，你听说过几个负面营销成功的例子？如今的网民越来越精明，看惯了炒作和反转，看到负面消息，他们并不会忙着转发，而是怀疑这又是一轮炒作。这种状况一旦形成，辟谣和公关只能加深网民们的鄙视，进而质疑炒作者的品质。新形象、新产品也跟着一落千丈，简直得不偿失。负面营销曾取得过不错的业绩，但在当今的互联网环境下，一定要慎重使用。

反差萌：跨越界限，扩展魅力

如果你手中的社交币正在贬值，那么它很可能不再是你的资本，甚至很快会变成负担。这个时候不妨大胆一点，再开辟出一个新的流通渠道，让社交币重新流通。这就是人们常说的“抛掉偶像包袱”。

以美艳动人的女明星J小姐来说，J小姐最有名的角色莫过于某火爆古装片中一位艳若桃李的妃子，名言是“贱人就是矫情”，她的定位也一直是美女，现代美女、古装美女、个性美女……一个可古装、可时装、可古典、可现代的美女。

J小姐不满足于美女头衔，美女太多了，她更想人们记住自己的名字。某一天，她模仿某位毒舌舞蹈家的段子，拍了一段视频，在视频里搞怪吐槽翻白眼，走起了搞笑路线，从此一发不可收拾，各种表情陆续出炉，迅速在表情包界占领了一席之地——要知道，这个地界，过去一直是心机周先生和咆哮马先生平分天下的，哪里有美女的份儿啊！

这个行为究竟让粉丝幻灭还是让粉丝兴奋？事实证明，现在的人不喜欢端着架子的“假人”，更喜欢上得了屏幕、出得了美照、卖得了萌、搞得了怪的偶像，J美女的路线大获成功，越来越多人认可她，再加上新剧里的上佳表现，她如今已经是名副其实的一线女星，还是一位不按套路出牌的一线女星！

再说一位把形象跨越做得更彻底、更全面的明星。他是一位能作曲、能演出的歌星，唱过几首有名的情歌，但在音乐市场低迷的情况下，他并没有太大的名气，文艺情歌风格也注定了他很难走大众路线。就是这样一位小众歌手，却靠着互联网打了一个漂亮的翻身仗，让人们充分见识到了他的搞笑、搞怪，他成了微博上著名的段子手，并以含金量极高的广告段子，受到了广告商的青睐……大家都知道这个人是薛之谦，独此一家，别无分号。

网络时代，每个人都在经营自己的形象，上自名人明星，下至普通网民。不过，从有光环的歌星变成接广告的段子手，这可不是一个小跨度，如果做得不够好，人们立刻就会说："唱歌没人听所以卖广告！"这样的评语不但会让人质疑段子的质量，还会让人觉得歌手的素质不过硬。

薛之谦却轻松地跨过了两个世界的鸿沟，搭建了一座"个性"的桥梁，让旁观者充分领略了他的个性魅力。个性魅力和唱歌矛盾吗？不矛盾。个性魅力和写段子矛盾吗？不矛盾。薛之谦选择了这样一个基点，一切困难迎刃而解。他在微博上充分表达了他的幽默、他的感性、他的搞笑天赋，不断为他人制造惊喜。

不知多少路人被这位新晋段子手吸引变成他的粉丝。粉丝喜欢的是什么？他们喜欢"我喜欢的人和你们喜欢的不一样"的独特感，何况这位段子手搞笑却有分寸，没架子有风度，总能不失时机地展示自己平易近人的一面。他的灵活为他带来了个人事业的新局面。

薛之谦的广告不走寻常路，常常由热点或个人生活的糗事切入，说经过说道理说结果，最后导出广告语。这种诚意满满的广告方式让人不反感，反而产生了"这次又在为什么东西做广告"的期待。他的广告的点击率一直很高，人们都想看一看他是如何抖机灵的。广告商也需要这样的人才，所以，他的广告一直不断档。

我们还要认识到一点，一切拓展形象的行为都是附加分，你必须始终记得自己的基本形象。薛之谦一直都能牢牢地把握好这一点，他知道自己是个歌手，不是段子手，所以不断地提高自己音乐作品的质量，既能靠平日逗乐的段子说话，更能以作品说话，让我们须便听听他后来的歌：

"后来我的生活还算理想，没为你落到孤单的下场。

有一天晚上，梦一场，你白发苍苍，说带我流浪。"（《你还要我

怎样》）

“如果有人在灯塔，拨弄她的头发，思念刻在墙和瓦。”（《刚刚好》）

依然是充满薛之谦感觉的情歌，文艺惆怅，延续了他的风格。可是，为什么觉得比以前上升了好几个层次？一来，基础形象和拓展形象是一个相辅相成的过程，丰满的形象代表了丰满的内涵；二来，一个平日总是插科打诨的人唱歌却深情又凄美，这叫什么？这叫反差萌——双重刺激，双倍社交币。

拓展话题，掀起新一轮热议

什么样的信息最容易流通？话题性信息！普普通通的信息加上一个话题，立刻就变了身价。“××村的小黄开了个养鸡场”是一条没有价值的信息；“××村的小黄在清华大学毕业后回村开了个养鸡场”就是一条话题性信息。清华毕业生开养鸡场？真是个大新闻，足够挑战人们的常识，让人留下深刻的印象。

随处都有寻找话题的行为，不相干的事拉到一起也能成为话题。退伍军人和牛肉干有关系吗？似乎没有。但打出“退伍军人开牛肉干工厂，良心品质，保证质量”，就成了新鲜的话题，还能带来不小的销量。“大学生村官”、“80后副省长”这类标题，同样话题性十足，流通顺畅，不出几秒就能风靡网络。

所以，在我们的社交形象经营中，给别人一个话题，往往能够带来数倍的社交币。这个话题可以是关于自身、关于娱乐、关于社会、关于科技、关于知识的，它超出了人们的既定设想，或新鲜或有趣或有专业角度，让人们能够谈论、愿意分享。

可是，任何话题都有局限性，再新鲜的事物被说过三五次，也成了祥林嫂的唠叨，别人懒得听，自己说着也腻烦。偏偏网络是个重复率极高的地方，话题的新鲜度保持不了多久。想要随时发布话题性消息，上哪里找那么多消息呢？此时就该在原本的话题上进行创意性扩展，重新阐释话题的意义，让人重新认识到话题的价值，掀起新一轮热议。

一个话题究竟能有多少价值？举个简单的例子。一张电视剧截图能够变成什么？如果它够精美，可以变成一张壁纸、一张配文插图、一个公共书签、一个头像，也可以加入某个网上大热的表情包。只要善于利用，这张图片即使过了十年、二十年，依然有作用。

一段电视视频可以做什么？可以做影视教材，可以截图片，可以被胥渡吧或淮秀帮改造成搞笑配音段子，可以分析某位演员的演出特色……它可以在很多方面发挥它的价值，这个价值不是原有的，而是依靠后来人的创意附加的。

可见，在创意时代，一个素材可以利用再利用。不同方式、不同手法、不同平台，同样的素材能够阐释不同的意义，由此而来的社交币可以升值再升值。就算你没有新想法，它还可以单纯地用来怀旧！配上一篇感人的怀旧文字，配上相似的旧日片段，它依然能引发一代人的回忆。

如果你觉得创意堵塞、缺乏思路、找不到热点、满脑子只有套路和旧话题，干脆丢开“一定要找新的”这种思想，回头看看旧话题，尽管它们早就被人遗忘，尽管它们看上去老掉牙，但只要你能找到新的角度，它们立刻就能焕然一新。而且，这些老话题有早年的群众基础，很容易勾起人们的回忆。老牌子产品做广告，一定要强调“熟悉的配方，熟悉的味道”，为的就是吸引老用户。

想要拓展旧话题，不能就事论事。平铺直叙是拓展的大忌，几句话说完，没有自己的想象空间，没有旁人插嘴的余地，公文般地说明了一件事，然后呢？然后就没有然后了。明明是炒冷饭，还不知道加配料，怎么能让人下咽？想要翻新，要么加以新修饰，要么加以新内涵，不能简单地重复。

想要拓展旧话题，可以换个角度。如果你没思路，就换个角度想想。很快你会发现，世界上没有死路；如果自己没有角度，不妨从旁观者的立场找角度。话题以前是正面的，现在可以说说负面，可以从不同理解角度重新分析，或者干脆将话题解构。我们不会缺少角度，把角度对准话题，就会生成新话题。关键是，你要找到那个最好的角度。

想要拓展旧话题，不妨说说关联话题。话题产生过轰动性，现在可以着重说说影响；话题已经过气，现在可以分析一下曾走红的原因；话题中的某个角色有了新动向，话题中的某个因素如今已经消失，话题难以理解是因为时代的原因……关联话题是最简单也是最有效的拓展方式，它可以将旧话题翻出无限新意。

想要拓展旧话题，一定要引发议论。我们引发旧话题不只是为了怀旧，制造话题和热点才是最终目的。所以，一定要抛出问题、引发议论，而不是一个人自言自语。“这些90年代的零食你吃过几种？”“90后最爱的青春偶像剧你还记得吗？”这是最简单的标题引导。其余诸如讨论、争论或者搞个怀旧比赛，都要看你的平台规模有多大、你的个人影响力有多大。

一般来说，**拓展旧话题不会引起人们的反感，却能利用人们的怀旧参与心理，巧妙地突破社交“通胀”，让社交币重新流通。**不过，这个方法并非万灵丹，如果你频繁地使用怀旧战术，你的平台就会成为一个还算温馨却落满灰尘的小空间，人们只会在怀念过去的时候想到你，你很难成为热点人物。

我们还可以拓展新话题，也就是深入地、多角度地、专业地、娱乐地、解构地……以各种方法探讨最热最新的话题，这种方法同样利用了话题的现有粉丝基础，增加了自己的人气。不过，这个方法也有一个技术难点：既然是热点，整个网络都在议论，你怎么保证自己的引导角度能够脱颖而出呢？

旧话题也好，新话题也好，所谓拓展，就是将我们对事物的深入理解表现出来，其本质是自己的理解能力和表达能力。能否利用话题达到流通目的，关键要靠个人的悟性和能力。即使能力暂时不够高超，跟随话题努力思考这个方向，却一定错不了。

PART Ⅵ

社交币的“债务危机”

打造核心价值才是王道

社交币有正值，也有负值，它可以是你的变现资产，也可以引发你的债务危机。社交币的价值在于你的社交形象是否健康、完备、有成长性，当你的形象和负面信息、虚假制造、浮夸宣传甚至绯闻、丑闻相连时，你的个人信用正在破产，你的社交币正在变为负值。

透支社交形象很容易引发社交币的“债务危机”。想要避免形象走向负面、资产负增长，就要有所为有所不为，摒弃负面宣传以及遭人唾弃的那些共享行为。社交币增值不是一朝一夕的事，想要保持自身的话题性，就要多做一些创新与努力，少走一些后患无穷的所谓捷径。

社交币的正值与负值：从两条“大鱼”说起

社交币是一种无形资产，它可能遭遇“通货膨胀”，也可能引发“债务危机”。当持有者过分透支它的价值，就会引发他人的怀疑、动摇他人的信心，甚至造成社交币的迅速流失。这种流失体现在持有者仍旧拥有社交币，但它们已经由正值变为负值。说得更通俗一点：你可能依然有100万粉丝，过去，他们夸赞你，现在，他们都在痛骂你，你拿的哪里还是有升值空间的社交币，简直就是烫手山芋啊！

社交币并不是货币，没有具体的面额，它是正资产还是负资产，完全看使用者的本领。也可以说，社交币随着持有者的形象确定价值。持有者的形象恒定，社交币温和无害；持有者的形象饱满有趣，社交币价值飞升；持有者做了负面的事导致形象下跌，社交币立刻成为有害资产，甚至会影响到无害的社交币。

让我们从两条“大鱼”说说社交币价值的变化。

第一条“大鱼”昵称“锦鲤”，色彩斑斓，它的功效（据说）是给人带来好运，使用方法极其简单——转发。“转发这条锦鲤，这个月的心愿就可以实现。”“转发这条锦鲤，可以带来财运。”“最灵验的锦鲤，必转！”……想必你也转发过类似的“鲤鱼”，至于它究竟有没有带来过好运，没有人计较过，人们想要的只是一个心理上的好彩头。

不少微博大V都参与到了“锦鲤”制造活动之中。当他们发布了一张鲤鱼图片后，便会带来大量的转发。事实上，只要配的图好看、配的句子有趣，就很可能会给他们带来新的粉丝。无论如何，大家凑个热闹、讨个吉利，没有人会因为一条鲤鱼而对某个大V嗤之以鼻。这时，这条“大鱼”带来的社交币就是安全的。至于升值，则要看发布者是否提供了让人感兴趣的话题。

当然，只靠一条“鱼”是不够的。而且，如果某个人玩“鱼”玩得上瘾，动不动就发一条“鲤鱼”来呼吁大家转发，那他很快就会变成过街老鼠，招致众人的厌烦。这时，这条“大鱼”就变成了负资产。这时，可能就会有资深粉丝不满：“以前看他还挺有意思的，现在竟然连着三天都在发什么锦鲤，真是江郎才尽了，我要取关！”如果还要继续转“鲤鱼”，你就等着“粉转黑”、“赞转骂”吧!

可见，欲积累社交币，就要洞悉人们的心理。大众爱凑热闹？好，我们提供热闹；爱赶时髦？好，我们奉送时髦话题；爱实惠？好，我们提供一些小礼物……但是，万万不可忽略了大众的承受底线。这是经常会出现的大众心理：热闹过头？吵；时髦过头？装；实惠过头？骗人的吧？通常，**大众的心理底线，就是社交币正负价值的分界线。**

现在我们用另一条“大鱼”继续说明这个道理。这条“大鱼”的状况可不乐观。

2016年最具争议的国产动画非《大鱼海棠》莫属了。作为一部酝酿制作了12年的国产动画，它本身具有十足的社交币升值空间。让我们来看看其关键词：国产、中国风、12年梦想……再配合满满中国元素的海报，还有画面精良的宣传片，它充分调动了人们的期待。那从海中飞向天空的大鱼，激起了人们心理上的涟漪，再加上12年情怀的感召，很多人都愿意去电影院贡献票房。

《大鱼海棠》是不是票房一路飘红、口碑一路走高呢？实际恰恰相反。这条“大鱼”在宣传期间就引发了一波又一波的“黑”潮，不少人甚至直言不讳地宣布“抵制”，上映期间更是有一波又一波人自发拿出奖品来设立微博抽奖，只要“你不去看大鱼，不关注也可以参与抽奖”！网上对电影的吐槽更是突破天际的“糟”，将那些客观的议论都全淹没了。

其实，国人对国产动画的宽容度一直不低，都知道国产动画起步低，还在摸索期，愿意投资的人少之又少，大大限制了动画质量。所以，人们愿意谅解其美中不足，也不会把现在的国产动画拿去和产业成熟的美国以及日本的动画去进行苛刻的比较。那么，为什么《大鱼海棠》会如此地犯众怒呢？因为它“踩破”了无数人的心理底线，结果让它的社交币从正资产变成了负资产。

当《大鱼海棠》还是闪客时代的一个Flash时，它的画面创意曾让人惊艳，关注度直线上升。那个时候，创作者无疑拥有了大量正值的社交币。他们的故事也同样令人激动：名校才子为了梦想开创公司，要做最好的中国动画。正值社交币不但带来了大量的话题分享，还能吸引更多的粉丝加入，正值绝大多数时候意味着肯定会升值。

中国的动画市场不成熟，技术有限，新动画的创作者大多比较年轻，更没有公司愿意冒险投资。种种现实，造成了《大鱼海棠》的创作一再陷入困境，甚至举步维艰。尽管创作者成立了公司，却不得不在生存压力下接了一些游戏制作和广告制作，也曾为了继续创作而发起过众筹，希望能拿到进一步的资金。至此，网络上仍是支持者众多，粉丝们都积极地参与到众筹之中，有人甚至拿出整月的工资。此时，“大鱼”的社交币仍然是正值。

三年五年，粉丝们愿意等待，七年八年，粉丝们仍不放弃。但事情拖得太久之后，不但创作者会疲倦，关注者也早已被别的事吸引走了。更不幸的是，主创者临摹古画导致了“抄袭风波”；还有人指着主创的旅游照片，指责主创人员挥霍众筹资金。主创们显然没有公关经验，并没有心平气和地为粉丝解释，而是有些意气用事地与粉丝争执起来。于是，小事变成了大事，有理的事却因态度不好而变成了非议的焦点。此时开始，《大鱼海棠》的形象开始下滑。

不过，此时情怀还在，梦想还在，人们对这部动画依然怀有期待。可误会又来了，主创们发了一条感叹式的微博，被粉丝误会成是一条定档消息，以为电影马上要上映了。一番热传后，主创们却说这并不是一条上映消息，动画还在制作之中。这下马上惹恼了热情的网友们，网友们认为这是在恶意宣传，蓄意欺骗。对此，主创费尽口舌也无法解释清楚。

同时，长久以来的情怀导致了人们的疲倦，何况时间过得太久，“情怀”本身也变成了贬义词，新的关注者对“卖情怀”这件事报以嘲笑态度，此时继续宣扬情怀，非但不能带来社交币，反而让社交币贬值。

有人总结，《大鱼海棠》公关失败，营销过分，激起了网民们的心理抵触。在它播出之前，就已经出现了网民们对其“绝对不看”的宣言——除了几部涉嫌抄袭或画面太过垃圾的作品，会有哪部动画有过这样的负面效应？没有过。

至于电影上映后评价的两极分化，网上的过度指责，不过是这种负面效应的进一步加剧，代表着这部动画历年积累的社交币到后来已经彻底变成了负资产。

当然，负资产也是资产，仍然代表了话题和关注度，但对形象的伤害却是巨大的，它抵消了原本的正资产，让人气收益和评论收益，还有票房收益均大幅度下降。

社交币和人的心理喜好息息相关，能够把握他人喜好的人，很容易积累自己的关注度；一旦超出了人们的心理承受范围，就会透支社交形象，引发债务危机。此时，资产会变为负值，社交币会成为烫手山芋——不能扔掉，却又不知道怎么去冷却。这也是《大鱼海棠》后来遭遇的处境。据说这部动画还会推出第二部，在那之前，主创们真应该尽量消除第一部造成的负面影响，重新积累这部电影的正资本。

打造核心价值才是王道：吸粉千日，掉粉一朝

制造爆点、热点或特点，给形象加一个与众不同的标签，让人们对你产生

瞬时的审美印象，在无形中加分吸粉，这是社交币积累和营销中的惯用手段。只要定位准确，就能吸引大量的特定关注，还能在不断的宣传中让路人也记住这一概念，实现形象与概念的捆绑，从此，人们只要想到某个概念，就会想到这个形象。

例如，某某男星以“好男友”、“好丈夫”形象示人，这个概念一旦打造成功，全国女同胞就都会对他多一份额外的好感，广告商会找到他去做相关的广告，导演的剧本上若有一个好丈夫的角色，第一时间想到的就会是他，越来越多的女粉丝幻想着将来找一个和这位男星一样的丈夫……

靠着这单一话题、单一概念，他只需要适时地秀一秀恩爱，偶尔发表一些夫妻生活感言，经常出演类似的角色，就能稳稳占据“中国好丈夫”话题榜的榜首，经久不衰。而且，这一话题还能给他带来越来越多的粉丝，毕竟这样一位单纯不做作的好男人，和外面那些劣质渣男很不一样，他又怎能不被女性们向往和推崇呢？

但是，**过分依赖一种概念，过分宣传一种特质，并不是一种安全行为。**一旦这种“特制社交币”的持有者的形象出现了瑕疵，他手中那些与众不同的社交币便立刻会成为空气，一夜之间挥发殆尽。好吧，我们说得再详细一点，例如某位好丈夫W没等到周一，就已经从万人夸赞的新时代优质好男人，变成万人唾骂的“当代陈世美”。

这位好丈夫是国内一线电视剧演员，能有这样的成绩，靠的是他个人的资质，靠的是他的运气，靠的还有他一贯以“好丈夫”示人的形象加持，他为数众多的粉丝欣赏的正是他的专情和踏实。他对妻子的表白曾经感动过不知多少人，他们也成为娱乐圈近乎模范的恩爱夫妻。当粉丝失恋的时候，想一想世上还有W这样一位如此深情专一的男人，就会继续相信爱情。

直到有一天，娱乐记者们开始遮遮掩掩地爆料，更有爆料界威猛一哥明晃晃地在微博上亮出“周一见”的大招，令人们的八卦神经瞬间活跃起来，好丈夫W竟然也会出轨？好丈夫和涉事女明星的微博顷刻沦陷，到处都是“周一见”。随后出现的照片等证物宣告了W的好丈夫形象从此一去不返，任凭他如何道歉、声明、低调重新秀恩爱，也终究挽不回已经失去的粉丝们的热情。

对好丈夫W而言，他过于炒作“好男人”这一概念，导致他一旦失去了这个资本，就会有大量社交负资产产生，让他的形象跌进谷底甚至爬不起来。粉丝、导演、广告商被这一形象吸引，也会因为这一形象的破产而放弃他。

如果只看微博粉丝数，你大概看不出其中的变化——粉丝并没有大规模流失，有不少人还留着看热闹呢。但看一看好丈夫W接下来的处境：广告和片约全都减少，活动也不频繁，人们提到他时大多会说“周一见”。

直到现在，事情已经过去两年了，W的事业仍然不见起色。可见，“吸粉千日，掉粉一朝”，过分炒作某一概念，反倒会成为甩不掉的包袱。

类似的事件年年都有。某位曾和妻子无限恩爱的“跑男”Z也曾被称为好男人，可惜一件离婚案让他好不容易积累起来的好形象碎了一地，极大地限制了他事业的发展。反而是他那并没有多少名气的前妻，在此之后不断地展示自己的美丽、个性和才华，渐渐成了人们推崇的新女性代表。在互联网时代，真的是“成也粉丝，败也粉丝”啊！

那么，**如何避免形象单一引起的负债危机呢？打造自己的核心价值才是王道，不能过分依赖粉丝。**所谓核心价值并不是指“中国好××”一类的虚无头衔，试想，如果好丈夫和好男人有神一般的演技，或者神一般的技能点，或者神一般的某类才华，他们会因为一个负面新闻而陷入人生低谷吗？绝不会。

人无完人，即使有瑕疵，实力强劲的男神依然还是大众眼中的男神。反而是那些极力打造光环的人，最容易在失去光环之后陷入困境。还是那句话，无论何时都要少说话多办事，多付出一点真诚，这样才能帮助自己持续不断地积累正资产。

负面传播，会令社交币短期增值、长远贬值

很多时候，“负形象”也能带来粉丝。这是有事实依据的。通常，坏消息总是比好消息引来更多的关注。人们常常无视好消息和平常消息，对负面消息却格外重视，或者用来警醒自己，或者跟着看热闹。所谓“好事不出门，坏事传千里”，负形象总能吸引大众的眼球，在网络上也一样。

以“负形象”吸引粉丝这一现象，最典型的代表之一是以S曲线身材和高调自恋闻名的芙蓉姐姐。想当年，芙蓉姐姐以清华BBS为据点，上传了一系列S照片，然后迅速传遍大江南北，令她红得一塌糊涂，就连德国电视台也在新闻中报道说：“近日有一中国女子靠着拍照片就红遍了中国网络……”

当时并没有多少人意识到，负形象带来的话题也是分量不轻的社交币。芙蓉姐姐却懂得利用这些无形货币，她不断地抛出雷人的照片和雷人的言论，让自己的一举一动都有了媲美明星的传播效果，并开始利用自己的人气去走T台，出歌曲，演电影，开公司。再后来，她瘦身成功，一举告别昨日形象，成了很多人心目中的“励志女神”。芙蓉姐姐用她的亲身示范，告诉世人应该如何从负面宣传到正面逆袭。

芙蓉姐姐的成名之路，你想效仿吗？也许你想，也许你不想，但效仿者着实不少。**想当年，无数石榴哥哥、桃花妹妹、榴莲弟弟出现在各大论坛，还有更多出位的男性女性，靠着负面形象曾占据过一夜的话题，但此后却再也无人问津。**芙蓉姐姐之后，最成功、最走红的当属如今身在美国的凤姐，但她也并未完成

完美的转型。看来，负面传播的路径并不好走。

何况，作为成功者的芙蓉姐姐过得也并不是那么如意，负面评价始终伴随着她，她还要不断制造新闻点，才能保证自己的人气。可以说，即使努力转型，成就依然有限。负面传播有时可能会造成一时的疯传，社交币会以蜂拥的速度瞬间而至，但只要人们的兴趣转移了，传播者就会销声匿迹。你以为社交币会因此化为乌有？不，它们都变成了负值，从此，人们只会把传播者当成作怪的小丑，甚至期待其时不时闹出一些笑话来供自己围观。

在娱乐圈，靠着负面新闻走红的明星其实很多。想要宣传作品，先来点要大牌闹绯闻骂记者之类的消息，把观众们的眼球吸引过来。然后再澄清再洗白，这个套路早已被广大人民群众摸透，大众们的智商也正变得越来越高。现在，明星们再想搞一些“小动作”，“吃瓜群众”往往会甩过去一副冷漠脸，再说这样一句：“这是炒作吧？”

可见，负面传播最危险，负面传播若奏效，形象信誉产生污点在所难免；负面传播若无效，“恶意炒作”的帽子就会很难摘掉。在短期内，负面传播可以实现社交币增值，长期却有贬值的危险。除非你有万全的策略，能保证自己有着强大的实力，能利用舆论优势一举帮助自己红透半边天，并且有源源不断的后续资源可供你使用，否则，还是不要轻易去使用负面传播。

如果你仍然想要兵行险着，欲去体会一把瞬间爆红的快感，那该怎么办呢？切忌过分，不要让你的形象差到没有任何余地。**如果你执意要凭“卖丑”开辟出一片战场，那就要丑出境界、丑出特色、丑出创意。**要知道，负面传播靠的是大胆，而负面传播能转变成正面传播，靠的则是智慧。

告别赔钱宣传，从“免费”顺利升级到“收费”

一个新产品即将推出时，如何保证会有大量用户使用呢？花大量广告费去推广？No，现在的商家不再靠旧脑子打天下，有那份广告费，还不如直接拿产品去免费给用户试用呢。这样既会有宣传效果，又会有客户流量，还能产生良好的口碑，进而一举奠定群众基础。

当从事开发的商家推出免费或低价试用计划时，打的都是这样的如意算盘。可是，有多少商家真的从免费竞争中得到了口碑与忠诚客户呢？其实，他们的客户比正常客户更容易流失。而对一个抱着“试试看”或“有便宜就占”的心态的试用者来说，他们面临着多重诱惑：

打开一个视频，会有一个广告告诉你，一个最新最豪华最有战斗感的游戏上线了，现在试玩可以得到多少金币并升到多少级；还可以得到多少宝物，另有女明星抛出媚眼，告诉你她在游戏里等你；

打开一个护肤品网站，会有私信告诉你，你将得到一次免费的护肤体验机会，只要留下地址电话，就能收到一个四件套的旅游护肤组合，而且是名牌；

短信铃声突然响了，会有××公司来恭喜您，您的信用积累已经达到了该公司的指定水平，他们将赠送你10G流量的大礼包，请你到掌上营业厅去领取，网址是××××，还有更多的优惠等着您；

走在大街上，会突然被一个温柔的青春少女拦住，该少女说她是××国际语言学校的日语宣传员，现在送您一套日语入门教材，还有一课时的免费试听课，请你不要错过；

……

这些打着“免费”、“赠送”、“低价”旗号的宣传中，有一些是纯属骗人的，有一些却是真实的营销方法。只要按照商家的要求去做，顾客的的确确可以拿到优惠。只不过，顾客们也要面临如下处境：

游戏赠送了你一大堆装备，但这个游戏一点儿也不好玩，纯属浪费时间；

护肤品倒是还不错，挺好用的，但其价格太高了，自己根本买不起，同时还要面对该公司不间断的“后续垂询”；

流量包虽然好，却需要增开一个新的功能才能领到，这意味着每个月要花更多的钱；

试用教材是薄薄的一本，试听课时也只是一个幌子，根本感觉不到该语言机构的水平，反而浪费了自己的时间和交通费用——更烦人的是那个宣传员还一直给自己来电话。早知道还不如直接去找那些有口碑的机构呢；

……

没有人计算过商家和顾客究竟花了多少时间来斗智斗勇，可以确定的是，结果大多都不太理想。顾客感叹“便宜没好货”、“天上不会掉馅饼”；商家感叹“顾客就知道占便宜”、“根本没有购买力”。可以说，多数免费宣传是商家担负不起、消费者伤不起，真可谓两败俱伤。

更糟的是，如果宣传不到位或者产品不过关，商家会直接遭遇信用危机，还没上市就背上了社交币债务。还有比这更失败的宣传吗？

责怪消费者占便宜没有意义，要怪先怪宣传者急功近利，得到了想要的话题性，却没有相应的后续服务，从而丧失了社交币的根本价值。

现在，让我们来看一看一个正面例子，这是一款背诵单词的APP，叫作“百词斩”。外语网站和单词背诵软件如今都不稀奇了，打卡模式也早就有人利用过了，百词斩为什么会成功地脱颖而出呢？

百词斩的成功之道有二：其一是单词与画面结合，形式有趣；其二是持续性的免费更新，能留得住老用户。此后，他们推出收费款也好，推出单词书也好，都能让用户接受，让用户认为这款软件不单单是为了赚钱，也确实给自己带来了很大的帮助。

打动客户的只是质量吗？非也。最重要的还是心态上的真诚，把选择权交给客户：你可以当一个永远的免费试用者，免费部分足够应付你的语言需要；你也可以选择更加高端的服务，以提高你的语言水平，这需要一定的费用。

记住，**客户并不怕花钱，他们怕的是花钱也买不到好的服务，而一个平等真诚的平台，是能够解决客户的这些后顾之忧的**。而这才是从“免费”到“收费”的最佳策略。

饥饿营销的内在逻辑：给人一种“高人一等”的胜利感

你知道国际大品牌的饥饿营销为什么总能奏效吗？因为它们很好地利用了人的虚荣心理。每个人都有炫耀的欲望，拥有一款全球/全网只发售1000双的球鞋是什么样的感觉？感觉自己击败了世界上的绝大多数人，感觉自己是人生赢家，感觉自己与众不同，感觉自信心爆棚……

这种论调当然很虚荣，但也没有什么不妥。谁不希望自己与众不同呢？现在，不需要你用银行卡上至少五位数的存款去买奢侈品，只需要你的手比别人快，你就能得到这种“高人一等”的胜利感，这就是饥饿营销的内在逻辑。

互联网上的饥饿营销同样奏效。诸多互联网品牌都会采用这一手法。限量版不但数量有限，还需要提前预约——预约也要抢。限量产品的质量未必是最好的，饥饿营销却保证了各方面的需求：供应商产能有限，消费者有孤品心理，质量就算出了问题，在买者有限的情况下，也不会造成大规模的负面舆论。

饥饿营销究竟会不会导致形象危机？考验的就是经营者对产能和消费者心理的把握。不能把握其中尺度的产品，会引发消费者的质疑，质疑商家恶意营销。**商家的生产能力够不够，产品的质量好不好，限量品之后会不会变成大众品，这是质疑的三大焦点**。

消费者最不能接受的便是有产能却故意限购，导致商品价格一再被炒高；限量商品只卖概念不求质量，价格和价值严重不符；商家本承诺限量，后来却无限制生产，结果导致商品失去限定价值。一旦发现了这三点，品牌便会大受影响。懂得饥饿营销精髓的商家绝不会犯这样的错误。饥饿营销也好，限量购买也罢，顾客买的不只是商品，还有限量概念，升值空间，这才是限量品的基点。

一位日产3双鞋的手工鞋匠，每天都在生产限量版，没有人会质疑其用心，更没有人会怀疑鞋的价值。但是，一家鞋厂倘若一天只生产3双鞋，打出限量的牌子，人们就不免会怀疑其用心了。何况，追求限量品毕竟需要经济基础，需求量最大的依然是物美价廉的大众品。对一个品牌来说，限定品+大众品，才是正确的经营思路。

话虽如此，但没有品牌会放过饥饿营销的机会的，因为比起常规广告，饥饿营销才是最能引起关注、最能产生良好的广告效应的营销方式。换言之，常规营销换来的是常规顾客，饥饿营销却能带来粉丝和社交币。

一款精心打造的限量品被隆重鼓吹，在一秒钟之内便被抢购一空，从此绝版，它所带来的话题性会持续很长一段时间，它的品牌也会因此深入人心。

你也许也有过这样的经历，在网络上，很多人都在谈论一双鞋子、一件衣服、一款手机或一本画册，你看了实物后，觉得一般般，可是有人却愿意以高出市场价十倍、百倍甚至千倍的价格去购买它！然而，这样的价格足以买到更好的东西了。**这就是消费者的限量心理，利用得当，就能把品牌炒到人尽皆知。**

当然，倘若一再运用饥饿营销，事情就会变味。人们早晚会发现你的商品的名气全是“营销”出来的，其实价值并不高。一而再、再而三地限购，更会令人觉得你把消费者当成傻瓜，只想着圈钱，缺乏商家的诚意。

炒作出来的名气，来得快去得更快。一次负面新闻就足以毁掉刚刚建立起来的正面形象，从而令粉丝大把大把地流失。可见，饥饿营销可以使用，但不要过分使用，因为你还没有大牌的实力，换言之，你的粉丝基础还不够强大。

换个角度看饥饿营销，可以看出每一个商品或信息接收者都在追求一种稀缺性，这种稀缺性可以直接转化为他们的社交币。所以，网络无冷门，只要你抓到了稀缺这一要点，你就能做出令人耳目一新的策划，让人愿意浏览、分享甚至购买。

总之，稀缺能够产生良好的传播效果，刻意玩弄稀缺却可能导致传播效果受损，甚至影响你的社交形象。

怎样正确处理“债务危机”：情怀与工匠的悖论

2012年，罗永浩创办了锤子科技有限公司。在此之前，互联网上就早已有了“罗永浩要做手机”的风声。罗永浩这个人，一向敢想敢说、敢说敢做，一直牛气冲天。他曾是全中国最受欢迎的英语培训教师之一，他曾创立过牛博网，他著书，他演讲，他的精神激励过不少心怀梦想的青少年，他无疑是当年最热门的社会红人之一，拥有着坚实的粉丝基础。

如今，对于他的“转型”，没有多少人看好。“一个完全不懂智能科技的人能做好手机吗？”人称“老罗”的罗永浩偏不信邪，毕竟前面已有根本不懂智能科技却做出了小米的雷军，还有非科班出身的“互联网高手”马云，可见，有想法，有胆识，有行动力，一切皆有可能。

道理没错，人们也对老罗将要推出的手机持观望态度，很多粉丝表示一定要支持老罗。老罗也利用他积累的人气，持续地将这个消息升温。关于公司未来的打算以及市场定位，公司名称“Smartisian”就是答案。这个词是Smart（智能）和Artisan(工匠）的组合。他说他是“现代智能手机业内的一个工匠”，他还提到现在的从业者都以为自己是商人和工程师，只想着赚钱，没有人真正为客户考虑，而他想真正把东西做好。

工匠情怀（Artisan Feeling or Spirit Of Artisan)，是老罗做手机的核心概念，他以此区分自己和市面上的众多手机商人。这个词很让人感动，老罗在2013年锤子OS的发布会上，详细地阐述了他的工匠梦想，他的认真做事，他的注重手机每一个细节的努力——他不只是把手机当作一种通信工具，还把它当作一件艺术品。这就是情怀，也是他想给这个功利世界的启示。

但现实是残酷的，“你知道我有多努力吗”这句话本身就不应该说出来，因为不论是粉丝还是“吃瓜群众”，对他的手机只有“我知道你很努力，现在让我看看实际成果吧”的想法。于是，锤子手机从屏幕上被请到了市场上，屏幕上那精雕细琢的光滑外表马上就要面临苛刻的眼光和实际体验的冲撞。

老罗的初衷当然是用极具冲击力和实力的“锤子”将现实的偏见和市场的压力砸个粉碎，可惜高科技市场不是一个初来乍到又没有强劲科技实力的人玩得转的。老罗的团队只负责设计和宣传，具体制造阶段的工作全部外包，这就造成了良品率的低下，偏偏这款手机并不便宜，足足要3000元人民币一台，除了铁杆粉丝，谁也不敢轻易拿出钱包去购买这份“情怀”。何况，持续爆出的手机存在问题的反馈，更让人们不断质疑这份“情怀”。

既然把自己定位在“工匠”上，一直不断强调一丝不苟，为什么还会出现这么多问题呢？工匠难道不应该精益求精吗？结果却保证不了基本的质量？没多久，老罗再也不吹嘘自己是个工匠了，他只剩下了“情怀”，锤子手机的试水也惨淡收场。可见，概念一旦脱离实际，甚至不切实际，就会让社交信用值不断下跌。

把概念说得太满，把形象抬得太高，最后引发名实不符的质疑，这也是一种社交形象的透支。锤子手机的失利是一个典型的案例。甚至有人带着善意挖苦说：“你不好好教英语，做什么手机呀？”

当社交币变成社交债务后，带来的麻烦真是挺麻烦的，因为这种麻烦会给你原本完好的社交形象带来挥之不去的阴影，在人们心中种下对你的能力和信用进行怀疑的种子。

可见，社交形象的转变不能操之过急，就像一个偶像歌手不太可能一下子变成实力派演员，这需要粉丝积累、资源积累和实力积累。只有在这三点都达到一定程度时，这种转变才会显得自然。强行扭转众人的印象，灌输高大上的概念，却拿不出真正有分量的东西，这不但会使过去积累的形象不断减分，还会阻碍你未来的发展之路。

最后再来说说老罗。老罗是个聪明人，也是个顽强的人，锤子手机的失败并没有让他气馁。他从这次失败中充分地吸取了教训，然后继续奋斗。他开始打造自己的科技团队，包括前摩托罗拉的工程经理、菲利普产品设计顾问，还有一批一流的软件工程师。新一代的Smartisan T1 由前苹果工业设计总监的团队负责设计。而且，老罗还推出了价格低廉、外形青春的坚果手机，希望打入年轻人的市场。这个路线无疑是可行的。

“锤子”变成了“坚果”，从名称上，人们能看出老罗心态的转变。不过，老罗不仅要面对未来的技术难题，还要重新打造他的社交形象，以消除锤子OS那深入人心的负面影响对他的拖累，让人们在他的努力里看到更多的“工匠”，而不是“情怀”。

承认错误，及时改正，寻找新思路，继续努力——这也是应对债务危机的最有效方法。就让我们祝福老罗和他的锤子吧!

危机公关的启示：“好吧，其实我是这样的薯片”

2016年1月7日，快播庭审开始，无数网友都打开了电脑来看直播，同时奉献弹幕。庭审进入到第二天，快播辩护人披露：举报快播的是乐视！乐视TV还来不及发言，就有网友怒气冲冲地跑到乐事薯片的官博和贴吧“大喊大叫”道：“没想到，你竟然是这样的薯片！乐事一生黑！”“再也不买你家的薯片了，哼！”“不好好做薯片，举报快播干什么？”“一看你就不是个正经薯片！”

冤枉啊，比窦娥还冤的薯片，关薯片什么事啊！？

不管冤不冤，这个锅是背定了，考验乐事危机公关能力的时刻到了。令人欣慰的是，乐事薯片的反应倒是可圈可点，让人心生好感。这件事的处理方法很值得我们借鉴。不妨让我们从头讲起。

危机公关是指应对紧急事务的机制。当具有突发性、意外性、紧迫性的大事降临时，这个机制必须马上被启动。在社交平台上，大多数危机和人身安全无关，只和社交形象密切相关——公关到位，形象可以继续维持，社交币持有量不下降或者少量下降；公关不到位，会让本就受损的形象进一步恶化，社交币大量流失；公关成功，形象由下跌迅速反弹，弹到新的高度，社交币大幅增值。

危机公关需要公关人员做到三点：对危机走向的预测，对形势的准确把握，对大众情绪的了解。能够预测走向，才能及时止损，或者丢卒保车，避免最坏结果的出现；对形势把握准确，才能应对得体，处理事情时避免各方压力，并得到助力；了解大众情绪，才能引起大众的同情心或支持，从而有助于事情的圆满解决，保护好自身的形象。

每个社交币持有者都可能遭遇危机，有些人因为自身行为不当导致信任危机；有些人因为旁人牵连而损害了自身形象；有些人过分透支形象，导致人气下滑；当然也有如乐事薯片这样的倒霉蛋，突然卷进了和自身毫无关系的风波之中，还要去承受不应有的非议——无论应该不应该，舆论一旦形成就不易退潮，想要成功公关，应对必须得体。

按照常理，一个人被冤枉的第一反应是叫屈，是申辩自己的清白。在生活的小圈子里，直接叫屈行得通，义正词严地驳斥也会带来满堂喝彩，你周围的同事、朋友会为你打抱不平，甚至代你解释。

但事情如果上升到一个小公司的范围内，单纯的叫屈未必奏效，要知道人心隔肚皮，又涉及说不清、道不明的利益关系，你的叫屈未必有人信，怀疑你的人需要证据，这时，你更应该做的是出示证据再叫屈，或者找头脑清楚又有威信的旁观者来帮你辩白，这才是有效的公关。

如果危机上升到网络层面，没有人知道你的人品，没有人了解你的经历，你单纯的叫屈固然能引起某些人的同情，却会带来更多人的“客观分析”，甚至还有些看热闹的人不停地说风凉话，有些恶意者不断挑拨，让你屈上加屈，却还是无法辩白。这时，公关不但需要证据，还需要更多的技巧和智慧。

首先要认识到，名誉危机固然是危机，却也是一个巨大的机会，它本身就代表了话题、代表了社交币。如何给这份资产赋予正价值，考验的是当事人的智慧。毫无形象地破口大骂喊冤，恐怕是得了理输了场子，没能借机树立形象，说不定还会让人反感。其实广大群众是有辨别是非的能力的，你需要做的是把事情说清楚，保持风度。若实在觉得是非难以说明，还可以选择发一份律师函。总之，危机当前，应该临危不乱。

临危不乱不代表什么也不做，相反，必须迅速有效地化解危机。保持风度是基本态度，如何解释才是关键。有些人选择风趣的回复，有些人选择详细说明原委并出示证据，还有些人看网上舆论不容易落潮，干脆不声不响，暗地里观察究竟是谁在制造危机，然后一举证明清白。乐事的做法比较低调，官方微博转发了一条解释，感谢网友明辨是非的能力，不但靠第三者之口表明清白，还拉近了与网友的距离。

危机当前，社交币丰富，正是做广告的好机会。乐事也趁机承认："我就是这种薯片。"然后推出了"在家陪你看大片"的图片广告，让薯片们在热点中亮相。"就是这样的薯片"成了它的新广告语，不费力、不费广告费就深入人心。乐事的行为，既让产品名气上了一个台阶，又体现出了一家企业良好的风度和智慧。这一次危机公关做得漂亮。

有人的地方就有江湖，有江湖的地方就有危机。如果你已经是一个社交币大户，有完整的形象和一定程度的话题性，即使步步小心、时时在意，也难免会遇到危机。危机处理是否恰当，决定你能否继续持有高价值社交币。下面，让我们总结一下危机公关的要点。

一是冷静。突然降临的事故或恶意中伤，以及大规模质疑的到来，挑战着你的忍耐力，舆论的负面情绪可能令人难以招架。越是这个时候越要冷静，不要气急败坏，更不要立刻跳出来解释，这个时候解释往往是苍白的，而且情急之下的解释难免不周全，反而为别人增加了指责你的新话柄。冷静，才能想到得体的应对措施，才能静下心来观察流言的来源，以期将事情向对自己有利的方向推动。

二是提供真相。看热闹的人往往只图一时痛快，热闹过后就会离开，根本不在乎事实究竟如何。但粉丝们需要知道真相，个人形象也不能因危机受损，因此，必须亲自提供全面、翔实又有证据的真相。就算有人不依不饶，也要耐着性子解释，直到舆论平息。提供真相的最好时机是在负面质疑稍稍落潮之时，此时人们的关注力仍在，情绪却已经得到控制，头脑已经冷静，愿意听官方解释。太早公布会带来更多的质疑，太晚公布则没有听众，负面印象已根深蒂固，难以挽回。

三是借机树立形象。危机不但考验能力，还能带来机遇。危机让人的心理承受能力增强、经验增加，可以借机树立坚忍不拔的形象。不破不立，别人的质疑带来的热度，刚好可以宣传自己。宣传内容需要斟酌，此时不断为自己的产品或产出打广告，难免让人怀疑"是不是炒作"，所以，此时更适宜提供一种正面形象，让旁人加深对自己的了解，甚至喜爱。抱怨不如自我解嘲，叫屈不如潇洒以对，你的应对方法决定了你留给他人的印象。

另外，**如果事情过于严重，可以考虑请专门的公关公司协助解决**，这一类公司有专门的舆情监督系统，能够根据舆论情况迅速制定、调整策略，及时止损，并监视对手对象，提供准确决策的数据依据。公关公司有着丰富的危机处理经验，一般都能拿得出一份最佳处理方案。

用黏性宣传给你的形象加一个“保险栓”

如果要票选出一种跌得最快、最遭人非议的形象种类，“最”字头的那些肯定名列榜首。一部电影还没有上映，就宣传自己是“中国最好的电影”，它的前程可想而知。观众们会把这部电影从头挑剔到尾，列举种种证据证明它比不过××电影、×××电影，然后骂出品方不知天高地厚；如果这部电影拍得不好，去看的人更会毫不客气地在豆瓣上打出史无前例的低分，并告诉他人：“烂片！千万别浪费钱去看！”人们的心理逻辑很清楚：中国电影那么多，你是谁评出来的“最好”？

一位明星竭力打造自己的形象，宣传高调，粉丝高调，最后炒出了一个“最酷”的头衔，俘获了一票女粉丝的心。为了营造“酷”形象，他自然有一些高冷的表现，故意说些叛逆的话，没多久，“耍大牌”、“没礼貌”等评语就成了他身上撕不掉的标签。每当人们看到他的一些不那么“酷”的照片，就会说：“他平时都是装酷吗？”一来二去，名声大跌。他有心转型，却发现当初宣传得太彻底，想塑造另一种形象极其困难。

某公司即将推出一款音乐手机，主打音乐播放功能。在宣传期，到处可以看到该手机的广告，水军到处转发评论，营造出庞大的声势，号称这是现阶段最理想的音乐手机，公司还给出了参数配置，看上去一切都挺好。最后，人们都知道了有这么一款手机，性能堪比随身音响，是爱音乐人士和有品位人士的不二之选。手机推出后，功能尚可，质量不错，但人们却怎么也不能接受心理上的落差——说好的随身音响呢？说好的最理想音乐呢？手机遭遇质疑，品牌也受到影响。这也许不怪手机，普通人未必能分辨不同播放器的细微音质差别，可谁让你当初把自己吹成了最好的呢？

类似于以上例子的事在我们身边经常能见到。人们对那些标着“最”字的产品，总是特别苛刻。“最”字为什么让人反感？它让人产生不切实际的心理期待，每个人心中都有一个“最”的标准，一旦客观产品达不到这么多的主观要求，它必然面临质疑。这种主观质疑公正不公正暂时不论，“最”本身就是主观评价，有几个产品输出者拿得出过硬的数据，来证明自己无论配置、设计、外观、使用体验等方面都做到了最好？

而且，“最”字代表了对同类事物的贬低。中国人一向推崇谦虚的美德，不喜欢攻击他人抬高自己的行为。暗示性的贬低已经如此让人反感，明面上的贬低就更不好。曾经有鼎鼎大名的两大电商以泼妇架势互相骂，不管这是不是事先商量好了的吵架，但都令人反感。这类宣传极易引发形象危机，终究不是长远之计。

那么，什么样的宣传才是安全的？黏性宣传。不要贬低他人，也不要动不动使用“最好”，而是使用“我们一直在争取最好”，给自己留有余地、留出退路。就算要使用“最”字，也要事先做好评估。淘宝说自己是“中国最大的线上购物网站”，没有人会觉得这是吹牛。其他网站想要动用“最”字，必须加上“最大电商”、“最全书籍”、“最佳比价”，更保险的方法是使用“海量”、“优选”、“尖货”等字眼，既能达到宣传效果，又避免了顾客的落差心理。

商品也好，自媒体也好，都有一个流通中的形象。给形象加一个“保险栓”，时刻让自己警醒，才能及时调整方向，即使有信任危机，也不致引发无法偿还的信用债务。这个“保险栓”主要由以下几条原则构成：

1. 官方不发布“最”言论

宣传有引导性，有溢美性，有倾向性，这是宣传的目的决定的。应该让关注者留意产品价值，而不是刻意强调此产品比彼产品更好，更不应出现过分自夸的“最字头”。关注品质，把评论权留给消费者，这才是长久之道。

2. 提高共感度，增加宣传黏性

有人情味的广告最容易深入人心，打亲情牌、友情牌、爱情牌都是屡试不爽的招数，这种宣传的好处是能够引发信息接收者的共鸣，进而把“感情”和“品牌”在潜意识里联系在一起，增加了宣传的黏性，不易被遗忘。不过，感情牌广告太多，如果别人打“你是我的优乐美”，你就打“你是我的×××”，难免俗气，容易成为鸡肋。

3. 用户立场，增进互动

什么样的品牌最得人心？那些懂得站在消费者立场上思考、事事为消费者考虑的品牌。在互联网时代，为消费者考虑，不但要在生产时事事设想周全，还要及时倾听反馈、调整方向、修正错误。互动式的沟通可以增进消费者对品牌的信赖度，培养归属感，这也是所有保险措施中最保险的一招。

4. 良好的教养和风度

最高级的宣传不讲产品，讲概念，讲品牌，讲形象。一种形象能够深入人心，它的产品便能轻易地被人接受。所以，任何时候都要重视自己的形象。在品牌拟人化大行其道的今天，代言人也好，代言形象也好，都是与消费者直接交流的“角色”，这个角色不需要十全十美，但一定要有教养和风度，这关系到品牌的价值和生命。

警惕！尽量不做这10种令人厌恶的共享行为

1. 刷屏

无论是在微信朋友圈里、百度贴吧里，还是别的什么论坛里，最让人讨厌的行为莫过于刷屏。当你拿起手机想看一看微信朋友圈，结果一连好几条十几条甚至几十条全部来自同一个人所发，此人可能是在发自拍，可能是在晒娃，可能是在转鸡汤，可能是在发牢骚，也可能是把上述行为轮番做了一遍。你翻啊翻，翻啊翻，一直往下翻，屏幕信息上依然是这个人所发的内容。试问，这个人的这种行为，你讨不讨厌?

刷屏的人给人的印象是什么？无聊加情商低。只有没事可做的人才会整天发微信朋友圈，只有情商低的人才会感觉不到刷屏这种行为给别人带来的困扰。如果你也是一个刷屏党，你一定会发现你的帖子的转发会越来越少，被点赞会越来越少，因为你已经被拉进了不少人的黑名单里了，即使你发布了什么引人注目的信息，很多人也已经看不到。

2. 无限制广告

微商的名声不好，但还没到天怒人怨的程度。毕竟，只要你本分卖货，人们对朋友的东西仍有一定的信任，甚至有些人还愿意帮忙转发某位朋友的小本生意的信息。可是，一旦你一天无数次地在朋友圈里发广告，或者一连数天只发广告，发了无数的广告，你就和楼下叫卖的小摊贩不再有实质区别。

广告分两种：一种有技术含量，或艺术或哲理或逗乐；另一种无技术含量，通篇减价优惠快来买。前者需要思考和制作时间，后者只需要一次次发送。如果你的信息平台过多地发送后者，人们自然无法相信你有创意的能力；相反，如果你适当地发一发前者，人们不但欣赏你的营销水平，还会期待你的商品上架，这就是恰到好处和过犹不及的区别。

3. 永远负能量

有些人戾气十足，经常不肯以正面心态看待事情。这类人的心情经常是沉郁的，在他们心目中，老板是狡猾阴险的，同事是相互利用的，爱情是自私自利的，友情是斤斤计较的，人生是暗无天日的。然后，他们就把这些感想毫无保留地发送到微信朋友圈里和大家分享。

他们总摆出一副“举世皆浊我独清”的架势，看似犀利地剖析一切，其实不过是在吐苦水发牢骚求安慰罢了。谁愿意一直当他们的心灵垃圾桶呢？何况，这样的东西看得多了，自己也会受影响。于是人们对这种人逐渐敬而远之，这种人则继续感叹人心的冷漠——没错，他们往往看不到自己的缺点，不愿意改正自己的心态，所以只能与负能量为伍。

4. 传播谣言

分享为了什么？为了和朋友取得情感上的沟通，也为了凸显自己的存在感。有些人希望制造话题，希望得到关注，于是总想发一些令人震惊的内容，或总想散播一些“内幕”或“绝密”，以显示自己的无所不知。可他们转发的东西常常是谣言。

谣言种类很多，某某名人的隐私八卦，某某专家的绝密试验，某某快餐养了八条腿的鸡……还有最无聊的“转发这条微博三日内便可转运，不转就倒霉”。这些内容显得转发者特别没智商。常言道，谣言止于智者，对于那些明显哗众取宠的内容，还是不要放到自己的平台上为好，不然我们会被别人看成是低智商的人。

5. 过分炫耀

我们很难摆脱“晒”的欲望，有什么好东西就想晒出来让大家羡慕一下，这是每个人都有的虚荣心作怪，无可厚非。但有些人晒得过了头，只要有机会，就一定要让别人知道自己有个富裕的家、有套宽敞的房、有辆豪华的车、有个大品牌的包包、有八块腹肌、有人鱼线、有娃、有才、有情怀……天天在朋友圈里看着这各种“晒”，你会不会烦?

无病呻吟也是一种炫耀，包括体重不过百的人整天说“我快肥死了”，月薪数万的人整天说“穷死了穷死了”，花样年华的姑娘整天伤春悲秋，工作生活正常的小伙子整天说自己怀才不遇……这样的“晒”也很烦人，而且烦人烦到了一定境界。

最令人讨厌的是没有还要晒，不行还要炫，朋友圈内大家知根知底，背地里一定会嘲笑“看她那照片P得她爸妈都不认识”；网络平台上大家隔着距离，一时没人知道你的根底，但时间一长，谎话一定会露馅，到时候你的信用值就再也无法建立。所以，一定要警惕虚荣这个魔鬼。

6. 满屏脏话

大街上有个男人突然破口大骂，公车上有个女人突然撒泼骂人，我们都会皱起眉偷偷说一句：“没素质！”可是，有人能够注意在公共场合保持礼貌，却在公共网络上把骂人当作个性、当作直爽。在网上，有些人经常开骂，不是妙语连珠的骂，而是包括生殖器和问候对方家人的国骂。

修养体现在每一个细节上，更体现在网络上。愤青也好，年少无知也好，气急败坏也好，一旦你骂脏话，你的素质就被自己拉到一个新的低谷，不要指望别人会打从心底里觉得你骂得好，即使你有理，人们也会觉得你的语言欠妥；如果你没理还要骂，那就是活生生的没素质，大家就会和你保持距离，以免被当作与你一样低素质。

7. 冒充行家

每个人刷存在感的方式都不一样，有些人专门喜欢“生活在高处”，总是充当专家指点一切，经常转发个消息发表几句议论，言谈里的优越感爆棚。当他们对自己了解或不了解的一切指手画脚时，只不过是想让人们知道：“我懂的真多！我无所不知！”

可是有人相信吗？大凡有智慧的人都懂得谦虚的美德，不会整天说三道四。你说得越多，越会暴露你的底细，最后，所有人都只当你是在吹牛。所以，千万不要企图将自己包装成一个你根本不适合的形象，一定会露馅的，露馅后你的形象会更差。

8. 生活直播24小时

有些人把表现欲直接上升为一种病态的表演欲。别人偶尔晒个生活场景，他们却恨不得将自己的生活搬上网络，24小时为大家直播自己的生活状态，包括迟到早退、穿了什么、吃了什么、和什么人吵架、与什么人恩爱等，企图把自己的生活透明化，让大家能够百分之百地了解他们。

这和网络上的直播节目不一样，有些人的确会直播睡觉、直播吃饭给粉丝看，但那都是经过设计的行为，相当于戏剧现场。而你这没有粉丝关注的独角戏是准备唱给谁看呢？你做的事其实大家每天也在做，你把别人厌倦了的生活搬到网络上，时间一久，只会令大家讨厌你。

9. 整天感叹人生

有些人感情特别丰富，也不知是真的还是装的。无论多小的事，他们都能上升到人生意义的高度，或悲或叹。他们不会忘记每一个节日，还会号召你“今天是××节，请不要忘记××××，这是每一个有心人的义务”。他们展示着自己多愁善感的人生，分析社会，分析情感，分析他人，最多的是分析自己。

自己有一份怎样细腻的个性，自己有怎样脆弱的心理，或隐晦或直白地夸奖自己有着怎样高尚的情操，让你忍不住怀疑他们是不是每天都在揽镜自照、自怨自艾而不用工作、不用吃饭、不用睡觉。有人对这类人的评价是：“××就是矫情。”

10. 点赞机器

也许是性格含蓄，也许是不知如何表达，也许是热情参与，也许是没事闲的，总有这样一群人，他们基本不发言，像个机器人一样为别人的每一次发言点赞，或转发加个表情。他们的存在感不低，你总能看到他们的头像，可是你听不到他们的言语，看不到他们的个性，他们像免费的僵尸粉。

这种感觉并不好，有个人时时刻刻关注你，了解你的每一个动向，用点赞告诉你他的存在，简直像背后多了双眼睛，让人头皮发麻。那些想要靠点赞获得参与感的人你们看到了吗？你们的行为让人难受。而且，别人发“感冒了”、“失业了”、“分手了”这类消息，你点什么赞？看都不看一眼就点赞，怎么能不让人厌恶？

以上10种行为，你占了几种？请相信，随便尝试其中几种，或者把其中一种坚持到底，你的社交形象都会彻底破产！

你的形象不能无限制地发散

假设你是一位眼科医生，你紧跟时代步伐，加入了网络大军，在网上开设了一个咨询微博。因为实名，同时还亮出了你自己的从医履历，于是很快就有人来找你咨询。这时，你会面临一些心理上的诱惑：能不能让自己更红？想红，就要有热度、有话题，让更多的人知道你、了解你、信任你。如果发展顺利，你的名气将大大增加，成为网上名医，并招徕更多现实中的患者。

想在网上出名，就要有一定的策略。有什么好的策略呢？

策略A：到处解答患者疑问。虽然是眼科医生，但医生学的东西多，平时总是接触医生，也接触各类患者，小病的治疗和大病的指导，都能说出个一二三。所以不但能解答眼科问题，头痛脑热，抽筋扭伤，胃肠不适，手麻脚麻……这些都能说出治疗的有效方法。然后，你悄悄地把自己的简介由“眼科医生”改为“医生”。当然，只说那些看得出来的小病，大病不敢乱说。

点评A：大范围培植粉丝的想法是好的，也的确能得到更多人的关注，但是，一个眼科医生跨界点评，会让人觉得不够规范、不够专业，并产生信任危机。何况，什么都懂的神医和包治百病的药丸一样，都只是心理安慰而已。此策略一时热闹，无法长久。

策略B：做一个眼科科普者。除了解答别人的问题，还会把那些有代表性的问题总结出来供更多人参考；也会把日常工作中的医疗例子与大家分享，并从他人的病情中分析易患眼病的原因、各种眼睛保健常识等，以此提高自己的信用度。

点评B：**非常有头脑的策略。**不但能够真正给人知识，还体现出高度专业性，而且有总结性质的东西，避免了反复回答，节省了自己和他人的精力。此策略走的是持久道路，能够一直保持社交币的价值。而且，医生越老越值钱，网上医生也是如此，只要你够专业，年头久了非但不会掉粉，反而粉丝会越聚越多，让你成为越来越著名的眼科医生。

策略C：走一条人性化道路，让大家不但看到一个医生的专业，还看到一个医生的真实性格。不但能解答粉丝的问题，还能拍拍雪、拍拍月亮、谈谈诗词歌赋人生哲学，甚至卖个萌。做一个个性医生，开辟出自己的网上行医道路，耶!

点评C：想法很好，难度非常高。也可以说定位不准确。绝大多数关注医生微博的人为的是求医问药，本就被病痛煎熬，哪里有心情欣赏医生与众不同的个性？想要欣赏个性，网上自有大把个性达人整天出产作品，医生能吗？倘若他能，那他还有什么时间钻研医术？总体来说，人们认知里的医生是忙碌的，不是悠闲的，你的小动作太多，只会让人质疑你的专业水平。当然，也有极少数有个性魅力又能把握患者心理的人，可以做到靠个性走红，但那种人太稀有了。所以，此策略基本行不通。

策略D：当明星医生，出书开讲座。利用自己的名气出书赚钱，还可以开个网上讲座，也可以在线下搞活动，用打造明星的方法打造自己，建立核心价值，得到更多关注。名利双收，怎么样？

点评D：算得上是一条成功之路，但这不是社交币扩展，而是转行，是利用网络平台，将自己由一位医生变为保健作家。人们信任医生，却不太信任保健作家，一时的名气过后，有可能带来质疑。在医生和作家之间找好平衡，不是一件容易的事，会极大地考验你的智慧。总的来说，这是一条难度很大的策略。

策略E：卖广告。这恐怕是最快的变现手法，靠着自己得到的名气和粉丝们的信任，推荐一些常用药、保健品、理疗仪，或者推荐某些医院、医师、医书，既方便了粉丝，又顺便让自己赚到广告费。

点评E：非常糟糕的策略，直接让你从医生沦为广告狗，网民对广告狗有天生的不信任和人人喊打的习惯，过多的广告会直接影响医生的名誉。如果某个产品出了问题被反馈到网上，不论这问题究竟出在哪里，你的形象都会一落千丈。基于医生这个行业的特殊性，你很难再一次建立形象。所以，这是一条必须慎重的道路。

以上几种策略和点评说明了同一个道理：**形象合理发散，能带来关注和好感度；形象过度发散，容易带来信任危机和粉丝们对你的厌恶**。

在网络上，要记住你不是神话，也不是传说，更不是超人。你只能基于自己的实力做那些力所能及的事，而不是过分地追求高大上。一旦事情完全超出了你的能力，你的形象就难以修补，“债务”无法偿还，等待你的只有“破产”一途。

从ID到IP，商业化观念正在蔓延

如今，IP大潮已然形成。什么是IP呢？IP，不是网址代称，而是指那些有内容、有一定知名度并有一定粉丝群的文化产品及其周边产品。IP热是网络经济升温到一定时期的产物，如今已经形成浪潮。越来越多的网络作品急速商业化，电视、影视、游戏、周边商品不断开发，为一直在网络平台耕耘的人们打开了一条新道路。

为什么IP大潮来得如此凶猛？关键在于粉丝的购买力。就拿网络上的热门小说来说，过去，除了极其大热的小说外，没有人肯为网络上的东西投资，担心这类作品难登大雅之堂。随着一些电视剧和电影的试水，人们突然发现，把热门小说直接拍成电影，能够一举解决最重要的两个问题：宣传和票房。

热门IP自带宣传，粉丝们看到热爱的作品即将影视化，不必号召就会想尽办法宣传。何况，这些作品往往找当红明星来拍，也就是双倍IP碰撞，作品粉和明星粉都来充当宣传水军，而且一定会贡献票房。这一发现让网络作品改编潮火速兴起，一些影视公司到处购买作品版权。只要得到热门IP，就几乎等于得到了现成的钞票。

这一现象也激发了各种问题，为了有更多粉丝做保障，制作公司往往会花大价钱去请当红明星来演，即使对编剧、导演甚至道具都马马虎虎，拍出来的作品招致一片骂声，却也不影响票房和人气。这种浮躁的作风还在继续蔓延。不但各大公司纷纷网罗热门IP，一些小成本公司也靠IP打翻身仗，IP的产业化道路更加广泛。

IP潮代表了粉丝经济的进一步加深，也让人更加意识到社交币的作用。有社交币，就是有影响力，有粉丝，只要有卖点，谁都可以在这波浪潮中得到机会。多少人摩拳擦掌，调动所有能想到的宣传手法，花钱花力，为的就是要将自己打造为超级IP。IP几乎已经是网络作品商业化的代名词。

可是，我们真的能如愿以偿打造出超级IP吗？我们又对IP了解多少？兴冲冲地想要吸引粉丝，粉丝就那么容易被吸引、那么喜欢掏钱吗？大潮下人心难免浮躁，如果一心想着出名吸粉，往往误入歧途，让形象大跌，还没成为热门IP，就已经被浪潮拍死。

先来想想那些热门IP都有哪些素质吧。仍然说说那些当红IP改编的影视作品，比如电视版和电影版几乎同期上映的《微微一笑很倾城》，集合了当红小生小花，未播先热，每天都有人在官博下讨论演员的颜值演技。原著是有多年粉丝基础的大红小说，人们对小说人物情节张口就来，这样的作品怎能不热？可见一个热门IP必须有实际内容和真实群众基础，也就是说，任凭你有再多广告水军花钱买热搜，也代替不了真实的作品内涵。这是**热门IP的第一要素：有质量**。至于有些作品的质量是不是能经受得住时间的检验，那是以后的事了，至少此刻它经受住了市场的考验。

质量是重要的，善于分析、迎合市场同样重要。例如闻名一时的游戏《古剑奇谭》，这款游戏集合了上古神话、中国风、帅哥美女、复仇、狐仙志怪、江湖武侠、多重情感纠葛等元素，可以说无一不热门。要故事，它有爱情、有亲情、有友情、有江湖义气、有前世纠葛等故事；要人物，它有热血、有呆萌、有纯情、有艳丽、有冷血的人物；要趣味，它设置了各种支线剧情；要视觉，先不说极具中国风的美丽背景，就连几个主人公的形象，都融合了多种朝代元素，还不乏现代感……这就注定了它适合出续集、适合拍电视剧、适合玩COS、适合做手办、适合出小说、适合卖周边。由一个作品衍生出了如此这般的多种可能，这就是**热门IP的第二要素：延伸性。**如果你干巴巴的只有一个故事、一种元素，那它只是一个商业孤本，无法产生更大的规模。

IP商业化最重要的步骤就是商品推广，影视也好游戏也好周边也好，没有销路就没有出路。因此，粉丝的喜好、投资商的要求、市场分析等多重因素需要考虑，这就导致作品必须按照综合考虑的结果一改再改、一变再变，最后成品与原IP相去甚远。IP拥有者为了商业不得不妥协，以商业角度看待自己的作品。这就是**热门IP的第三要素：商业性**。这种商业上的“灵活”常常被人诟病，更有人直言“过分商业的IP不再是好作品”。

未来，IP的道路说如何走？显而易见，必须走可持续发展的道路。IP所有者应有版权意识和形象意识，不要过分急功近利，只顾着用IP掘金，把商业化当作一切。重营销而轻内容，把力气都花费在流通过程中，却忽略了源头，是很多热门IP最终衰落的主要原因。如果不在基本质量上下功夫，一味追求商业化，不但不会有IP，就连最初的ID都会保不住。

PART Ⅶ

社交币的成长

不断叠加价值，提升含金量

在飞速发展的互联网时代，一切事物都像坐上了高速列车，价值常常颠覆，机会转瞬即逝，风险空前加大。我们手中的社交币也随时面临着社交死亡的风险，我们精心打造的形象可能随时过气，辛苦推送的内容可能因为没有新意而不再被大众关注。社交币一旦失去关注，就失去了传播力和生命力。

停滞不前意味着倒退，社交币必须不断成长。无论是互联网企业还是自媒体，都必须不断学习，取长补短，丰富个人形象，不断提升社交币的含金量，努力让你的社交币的价值叠加，才能令大众对你的社交币保持长久的关注度。

唐僧为什么要去西天取经

我们先来看一份简历：

姓名：陈祎
法名：玄奘
出生地：洛州
职业：僧人
个人经历：家学渊博，于名寺修行六年，四方游学，师从各路高僧，造诣深厚
爱好：精研佛经

这样一份简历，能保证这位玄奘法师在重视佛教的隋唐年代，在县级或市级寺庙里找到一份不错的住持工作，或者可以直接入驻某间有源远历史的大庙。同时他也有在各级寺院开课讲学的资格，他甚至得到了大唐太宗皇帝的当面嘉许。可以说，他捧的是金饭碗，前程一片大好。他的个人声望很高，只要能在城市乡村间多走动走动，还能得到诸如“大法师”、“在世菩萨”的称号。

但就在这个时候，玄奘法师作出了一个让大家吃惊的决定，他放弃了优厚的待遇，决定去西方天竺（也就是今天的印度）游学。那时候的印度和中国没有邦交关系，两个国家之间隔着大漠、山川和一堆不知底细的小国，路途危险重重，但玄奘凭借着对佛法事业的热爱，凭借着自己的胆识，西行5万里到达印度，再用了17年时间学习佛法，然后光荣回国。

由此，玄奘由一个大唐普通高僧成为世界著名的佛法大师和翻译家，并在唐朝享有独一无二的崇高地位，名垂青史万代流芳。即使没有名著《西游记》

的宣扬，他也是家喻户晓的人物，他的形象至今为我们熟知，这就是玄奘的生平和去西天取经行为的现实意义。

如果我们从世俗角度和当代人的角度去重新点评玄奘西游，你会发现古人和今人的处境并没有多少差别，古人的成功行为同样值得今人反复借鉴，只是这个借鉴需要取其精华、去其糟粕。

去西天取经之前，作为一个学过很多知识、去过很多地方、认识很多名人、拥有很多粉丝的成功和尚，玄奘法师无疑是唐朝初年的红人之一。但是，他的走红只局限于寺庙里和佛教徒间，偶尔会有民间老百姓可能听说“长安有个著名的和尚”，但也说得不够确切。在那个时代，百姓们最常说的是当朝皇帝、当朝大臣，哪位将军打了胜仗，哪位诗人写了著名的诗歌，哪个书法家的艺术功底很深厚，等等。

也就是说，玄奘法师有一笔面额可观的社交币，但局限性很大，增值空间有限，这笔社交币最多能够让他当一个大寺的住持，也许还能担任国家祈福协会会长之类的头衔。总之，他的前途光明却狭窄，他不可能引起大规模的话题，他的社交币没有大幅度升值的可能。若干年后，没有多少人会记得他的名字。这一现象，叫作社交死亡。

我们很容易看到社交币的成长形态，表现为粉丝增多、分享增多、人气提升、广告商开始光顾、合作邀请增多、信赖性留言成倍增长……这都能让人感受到社交成功的喜悦，也让人享受到了社交币逐渐变现的成就感。

不过，社交死亡的来临是缓慢的、隐性的，即使社交币出现下滑，在一段时间内，社交平台因为人群惯性，仍然呈现出一派热闹，结果迷惑了平台拥有者，使其不能及时发现问题。等到人气下滑加速，再想挽回局势已是难上加难。所以，必须留意社交币的非成长形态，这种形态以下有几个特点：

1. 形象停滞不前

你已经多久没有更换过你的社交形象了？是否已经有粉丝抱怨你的更新频率太低，对热点的反应速度太慢，以前来你这里常有惊喜，现在却看不到任何亮点，永远是老一套？你当然可以说：“这就是我要的风格。”但有自己的风格并不是要你完全停滞、缺少变化，而是要在保留精髓的前提下与时俱进。当你被老观念束缚时，你就要提高警惕了。

2. **技能点不再有提升空间**

你曾经靠某一种技能获得了粉丝们的喜爱，你的支持留言一直不少，有一天，你发现你的作品开始重复，你想不出新点子了。当你打开别人的作品时，却发现了满满的新意。这说明，你的技能点已经达到临界，如果不补充“新血”，它就不再有提升空间，你的成就仅止于此，越来越多的人将超越你。当你发现了这一点时，请务必警惕。

3. **思想落后，跟不上潮流**

某一天你突然发现自己与粉丝出现了“代沟”，你不知道粉丝说的口头禅是什么意思，他们也嫌弃你跟不上潮流；你不了解最近的热点是什么，不知道最近大家喜欢什么，不知道话题榜上的标题意味着什么……这代表你已经和网络社交圈子有脱节。了解潮流不等于追赶潮流，你仍然可以遵循自己的固有风格；不了解潮流会造成思想和观念上的落伍，渐渐成为老古董。如果你发现自己对网络有点陌生，请一定要警惕。

一切社交币都会面临社交死亡的危险。打造形象，是积累社交币的第一步；维持形象，是积累社交币的重要步骤；提升形象，则决定了社交币未来的价值。人的审美会变，时间会改变潮流，没有人会喜欢一成不变的形象。人都会成长，没有童星可以永葆纯真，没有少女偶像可以永远青春，当他们的粉丝长大变老，新一代的粉丝不会喜欢看到他们扮嫩装萌，他们只有成长，只有转型，才有出路。

现在，让我们回过头重新看这个问题：唐僧为什么要去西天取经？并结合当今的网络现状给出切合时代的答案。

1. **为了交流**。无论古今，社交的目的都是为了交流，为了增长见识，为了获得新的知识。不同文化背景、不同生长环境、不同性格、不同年龄的人群，有各自的特点，交流中的差异性会带来矛盾，也会带来惊喜。唐僧西游看到了西域美景，学到了各国知识，经历了不同人情，靠着这些阅历，他就有说不完的话题。

2. **为了取长补短**。与不同的人接触，在不同环境下生活，在困难中磨炼能力，学习他人的优点，弥补自己的短处，这就是交流的现实意义。唐僧一路上不断地比较西域诸国与大唐的差异，不断提升自我境界，所以他最后能取得伟大的成就。

3. **为了获得新价值**。成长意味着突破困境，突破困境意味着建立新形象。

想要成长，必须主动寻找突破口，才能获得新价值。唐僧带回了中土缺少的佛经，这是他西游的主要目的。此外，他还获得了许多附加价值，这些价值甚至超过了珍贵的佛经，并成为他的核心竞争力。

4. 为了“镀金”。一次大胆的行动，一次深入的学习，本身就是社交话题，让人不再默默无闻。无论交流有没有得到实质内容，交流本身就是绝佳的话题，让交流者多了一个头衔、一个身份、一个被关注的理由。从此，唐僧是唯一一个去过天竺的僧人，是能熟练使用梵语和中文的翻译家，是了解西域状况的外交家。

一次西游，帮助唐僧由一位普通的优秀僧人变成了人尽皆知的大唐圣僧。正因为他的行为独一无二，他才会被长久关注，甚至会被写进小说，世代流传。唐僧给我们的启示并不复杂：**一切交流、学习、自我提高的行为，都是为了提高社交币的含金量，都是为了社交币的成长**。

每个人都能拥有社交币，每个人通过努力，都能获得更多的社交币，但这些现象都是暂时的，只有让社交币不断成长，才能保持它的价值，才能避免通胀危机，才能避免跌停风险。

价值由内容决定，为了保持内容的新鲜、有趣、有料，我们也需要取经。去哪里取？阅读能够扩展人的知识面，让关注者看到你的内涵；旅游能够丰富见闻，让分享者得到更多美景、美食、美的感悟；倾听他人的感悟和经验，能够加深你的感性魅力，让你更加可亲；培养个人爱好，与更多同好者交流，能够提高你的形象分；思考让你的思想更加深邃，让更多人体味你的智慧。

总之，获得有效社交币的前提是分享，而只有不断提高自己，才能让持续性大规模的分享成为可能。怎样提高自己？靠不断学习，不断“取经”。

人物形象越丰满，社交币越坚挺

这两年综艺类节目最大的转变，就是越来越多的真人秀被制作者和观众们追捧，策划或购买真人秀节目已经成了各大卫视的王牌武器，参与真人秀节目已经成了各路歌星、影星、模特、运动员、作家，甚至普通人提高人气的不二法门；观看真人秀节目也成了粉丝们最流行的爱好。

真人秀节目为什么那么火爆？这是时代审美的必然。随着资讯越来越发达，人们通过各种渠道可以了解自己喜爱的偶像，偶像不再是过去印在报纸杂志上或播放在屏幕里的一个完美形象。如今，粉丝们可以在屏幕里看到明星们的演技，可以在网络上看到明星们的新闻，在八卦周刊那里看到明星们的隐私，还能在百度贴吧、各大论坛上看到明星们的口碑情况……可是，这一切依然不能拼出一个真实完整的明星来。

真人秀正好满足了粉丝们“不再爱看纸人，更爱看真实”的心理需求。现在，你可以看到你的偶像平时说话用什么语调，怎样吃饭，喜欢穿什么衣服，待人接物修养如何，面对挑战会有什么样的反应……真人秀导演会挖空心思安排明星去表现，以满足粉丝们的好奇心。

真人偶像的互动也让人期待。某某和某某真的不融洽吗？某某某和某某某适不适合谈恋爱？某某和某某会擦出火花还是会结下梁子？这样性格的人和那样性格的人，会有怎样的冲突？真人秀节目里大多会设计一些“不和”环节，来满足粉丝看热闹的欲望，并增加节目的真实性和刺激性。

而且，真人秀大多配有各式舞台、设置各种挑战，节目的娱乐性不可小觑，配合明星们的互动，笑点层出不穷。各档真人秀都少不了要到四处旅游，让观众们既看到了美景，又有了养眼的明星，还有了刺激的竞赛，也许还有一些风土人情、世界历史、为人处世知识的科普，可谓满足了观众们多种层次的好奇心。至于明星的表现是真是假，是否按照脚本在演戏，娱乐时代，大家都不必太认真嘛！

我们最应该了解的是那些愿意走进真人秀的明星，他们为什么会争先恐后地参与真人秀节目，愿意在节目里大哭大笑，接受各种高难度挑战，不是跑就是撕，还要时不时地出点丑。至于非议，更是免不了。几乎每个真人秀参与者都被观众们以各种理由骂过。

其实，这才是熟悉宣传和善于包装的明星们的高明之处，他们知道：**人物形象越丰满，社交币价值越高。**就连节目中出现的明星间的矛盾，也大多是经过编排的，为的是让节目更有看点，并突出每个人的特质。明星们按照安排配合，收获是巨大的：淡出视线的能重新回到人们的热议中，如日中天的得到了更多的粉丝，有争议的趁机在节目里为自己争回印象分，人气不够的则让自己着实火了一把——而且，那些矛盾最后都会被化解，负面形象也会被挽回，中间的争议，只是最后的大团圆的铺垫。

抛去那些博眼球的争议性安排，让我们单纯地讨论一下：为什么上过真人秀的明星一定会“火”一把？真人秀节目的魔力究竟在哪里？这种魔力能否应用在商业甚至普通人的社交平台上？真人秀的成功究竟有哪些借鉴意义？

首先让我们聚焦最火爆的真人秀节目《奔跑吧，兄弟》。这款购买韩国版权的综艺节目一经推出，迅速成为当红热门节目，常驻的几位明星，原本有名气的更有名气，原本没名气的一夜成名。参加节目的嘉宾更是去一个火一个，由此可知，这档节目的人气高到了什么程度。“撕名牌”、“奔跑”这些概念也成了当下青少年们的口中热词。

明星们的真人表演是跑男节目的最大吸引力。在不同场景下展开竞争，互相调侃拆台撕名牌，不同个性的碰撞，遇到问题时的真实表现，解决问题时表现出来的智商与情商，都是大看点。何况还有不同的创意、不同的组队和竞争模式来保持节目的可看性。每期的嘉宾也给观众带来了惊喜。此外，它所倡导的乐观向上的奔跑精神，也越来越被年轻观众们广泛接受并推崇。

节目本身就有丰满的骨架，再加上明星们的真情投入，让观众很容易产生代入感和参与感，也愿意和身边的人进行讨论。“跑男”不但是电视台和明星们的超级社交币，还成了网友们的流行社交币，大规模的传播令节目的热度一直居高不下。如今“跑男”已经制作到第四季，仍然热度不减，可见真人秀具有的不凡魅力。

再说说萌娃荟萃星爹云集的《爸爸去哪儿》。综艺节目遍地开花，芒果台独辟蹊径打出了娃娃牌和亲情牌，结果一炮而红。明星真人秀难免有表演成分，四五岁的小娃娃的反应却很难引导，人们爱看的就是“真实”。看到可爱的宝宝们遭遇各种挑战，在共处互助中学习进步，还可以探讨孩子的教育问题，了解孩子的思维，分析孩子的性格，这都是节目的意义。这个节目不但令孩子们成了当红小明星，孩子的爸爸们也受到追捧。

所有真人秀节目成功的关键都在于“真实丰满”，不管这真实是设计出来的还是真的，观众们想看的就是明星们真性情的一面。也可以说，**人物形象越丰满，传播价值就越高**。明星们都在试图引导粉丝去发掘自己的其他层面，不再满足于做一个“纸片人”，这是追求个性的共同要求。

现在，网络直播正在走俏，许多人开了自己的直播间，这其实也是一场真人秀。能够抓住重点的人成了当红主播，而那些只知道跟风播放的人，还有那些完全不懂取舍，恨不得把自己的所有琐事都与人分享的人，却始终捞不到风头。他们一定奇怪：为什么有人直播吃饭能走红，直播睡觉能走红，我却始终红不起来？

他们不明白，没有人会真的把生活中的每一面都暴露在网络上，一切真人秀都需要编排和取舍。就拿吃饭走红来说，你总要找到一个卖点：你是这一领域的开路人，在某个国家里是第一个直播吃饭的人；你是一个名副其实的大胃王，拥有令人惊讶的食量，却还拥有好身材；你是一个地道的美食家，每次摆盘都让人赏心悦目，让人喜欢看你吃饭时的艺术氛围；你是一个两三岁的小娃娃，却让人惊叹这么小的孩子居然能吃这么多东西；你是一个拥有大量粉丝的网红，偶尔吃一次饭只是想当作粉丝的福利……没有这些卖点，你凭什么走红？

最后，我们说一说如何缔造一个丰满的形象。

1. **更多真实**

打造社交形象的时候，着意发挥优点、掩盖缺点，以求扬长避短，靠自己的优秀之处吸引人，这是普遍的做法。大多数人在朋友圈发照片之前会选择美图美化，对照片的姿势和表情也有特别的要求，拍一遍不好看就重拍，力求让人看到一个光彩夺目的自己。

可是，在“中国美图”已经与“韩国整容”、“日本化妆”、“泰国变性”并称“世界四大妖术”的当下，谁还会相信照片呢？熟人知道你的真实长相，然后会认为你很虚荣；不认识你的人会很好奇你的素颜形象，所以试图扒出你的真实照片来作一对比。

外貌如此，其他方面也一样。人们已经习惯了怀疑那些看上去没有破绽的形象、技能、话语……那些离生活太遥远的东西，会让他们既陌生又不信任。这个时候，那些愿意素颜分享的美人，虽然不太漂亮，却反而更让人青睐。那些经常分享现实小细节，说说天气、说说快递、说说家常的人，更让人觉得亲切。

有些人想要缔造真实，却错误地理解了社交中的真实，一发火就骂人，一发怒就说脏话；也有些人爱冷嘲热讽挖苦人，肆意暴露自己的“真性情”，这样的人能够受到一时的追捧，但长此以往，难免会让人觉得素质不够，甚至因此被人诟病。可见，要真实，也要有涵养。

2. **不妨暴露些缺点**

太过完美的人让人觉得假，有缺点的人让人觉得真实，这是人对他人的最基本判断之一。有些人对自己的缺点遮遮掩掩，唯恐暴露，可天下没有不透风的墙，与其让好奇者将缺点“挖”出来，不如自己率先大方承认。从前，人们希望偶像十全十美；现在，人们希望偶像是个真实的人，有优点、有缺点，才更有亲切感。

这并不是说有缺点的人更可爱。缺点也有种类，人品上的缺陷无论如何也不可爱，行为上的不妥更不能当作个性来褒扬，自己的错误更要认真道歉、及时改正。人们不介意你有缺点，介意的是你是否说谎，是否真实，对那些要不得的缺点，还要看是否改正。最重要的是，尽管自黑很流行，也不要得意扬扬地宣传自己的缺点，那样很容易令人反感。

3. **自黑**

自我调侃是一种幽默，一种达观，一种令人欣赏的人生态度。自黑正在流行，讽刺自己的性格，挖苦自己的失败，嘲笑自己的缺点，卖萌的同时也卖蠢，往往成就别样的魅力，更受追捧。

自黑和编段子相似，主要目的不是为了告诉别人你的缺点是什么，而是把自己当作搞笑材料，让人发笑。自黑追求的是幽默效果，是会心一笑，是让看到的人感觉到自己的缺点和无奈，从而产生同感。自黑要大胆，要真实，也要有分寸，否则就会变成出丑。

4. **展现才学**

欣赏一个人，通常是一个由外而内的过程，被外表或外在的某些优点吸引，进而关注，进而想更进一步了解，了解性格，了解爱好，了解特长，最后的着眼点便是内涵和底蕴。有内涵的人受人尊重，有底蕴的人始终有料可挖，而才学最能代表一个人的底蕴。

展现才学能够给人带来惊喜，当人们对你产生了固定印象，突然发现你有某种才学，这个固定印象就会多了一个厚重的底座，让人越发深刻地记住你。这样的形象才不虚浮。当然也有些人一开始就亮出了自己的内涵，靠内涵吸引人，这样的吸引无疑更长久。

价值叠加，让贝克汉姆一家红了20年

不知不觉，我们手中已经拥有了一定面额的社交币。令人欣喜的是，它们大多是正值型的，也许它们来自点滴的分享，也许来自某个领域的展示，也许

来自聪明才智，也许仅仅是形象上的加分。总之，它们成了我们行走社会的另一项资本。

当我们享受着社交币带来的好处时，却又不得不担心一个问题：社交币的积累似乎也有瓶颈，分享的东西是有限的，展示不可能一直新鲜，才智也有一定限制，形象未必能够翻新，一切一旦达到了顶峰，接下来的巩固简直比积累更难。何况粉丝有花心本性，今天迷恋这个，明天就会被其他事物吸引，怎样才能一直保持社交币的价值，甚至在此基础上翻倍呢？不如看一看贝克汉姆一家的社交币保值方法，相信你一定会大有启发。

屈指算算，从1997年贝克汉姆和维多利亚开始谈恋爱，到他们结婚、生子，这一家人已经红了将近20年！20年的长红不衰，从电视时代红到网络时代，一直走在时代前沿，简直是教科书一样的形象经营范本。他们有什么秘诀呢？其实，**他们的秘诀可以用四个字概括：价值叠加！**

这个词很容易理解，一个团体内部所有成员各自拿出拿手好戏，将团体的优势发挥到最大，实现“一加一大于二”的效果。可是，说起来容易，能做到的却没有几个人。屈指算算，球星和歌手的结合并不少，但有几对能像贝克汉姆和辣妹那么成功的？叠加，可不是两个人或几个人的简单相加，其要点在于优势叠加。

让我们从头回顾一下这个热门家庭的叠加路线。

1997年，贝克汉姆和辣妹维多利亚传出交往绯闻。当时，贝克汉姆作为事业正在上升状态的英国球星，已经家喻户晓；维多利亚作为前“辣妹组合”的歌手之一，也有一定的人气。贝克汉姆英俊，辣妹性感，赏心悦目。可是，也没有几个人真的看好这一对年轻人，毕竟，未来的路太长了，他们也太年轻了。何况贝克汉姆的事业如日中天，辣妹组合却于上一年彻底解散，维多利亚的未来还没有显出方向。

这时，价值叠加初步显示出威力。有了贝克汉姆这个男朋友，维多利亚从不缺少话题，即使在当时，话题也是名气的必要条件。维多利亚选择了时尚圈作为她的事业目标，并以她瘦削的身材和性感的气质闯出了一条新路。

别以为这段关系的受益者只有维多利亚，贝克汉姆也同样受益。自从有了维多利亚这个女友，贝克汉姆的个性形象以一日千里的速度向上飞跃，他的着装一律由维多利亚打理，这使得他能迅速跻身时尚圈，成为英国人眼中的性感男士。

价值简单相加，个体依然是个体；价值有机叠加，个体形象提升，又会出现新的整体形象。社交币价值因此翻倍，升值还在继续。结婚后，两个人的事业轨道似乎不同，但一直互相支持，贝克汉姆成为英国最有价值的球员之一，最后成为英格兰国家队队长，可以说他达到了个人成就的顶峰。维多利亚创建了自己的品牌，担任设计师，出唱片，并在2011年捧走了英国时尚品牌最佳设计师奖。这些都是十足的话题。他们也会有疑似不和、疑似离婚、疑似第三者插足之类的绯闻,但事实证明，那些东西都微不足道。

1999年，他们的儿子布鲁克林出生，这个家庭拥有了最新的可持续增长r社交币。不用说，当这个婴儿穿上和爸爸一样的队服站在草坪上时，形象绑定就已完成，从此,他成了这个家庭的延伸，他的每个举动都会为他的父母带来新的社交币，当然也积累了他自己的那一部分。

之后，这对夫妻陆续生了罗密欧和克鲁兹。孩子们的长相，孩子们的爱好，孩子们的个性，都成了人们议论的热点，而且，人们还在盼望其中的一个继承父亲的衣钵，成为未来英国足球的支柱。另qh ，他们根本不必担心孩子们的时尚性，在维多利亚苛刻的品位调教下，他们个个英俊气派。

在培养新价值的过程中，情商无疑起到了主要作用。有时只需要一个小动作，就能达到狂轰滥炸式的宣传都达不到的效果。例如，2015年4月，布鲁克林上传的一份视频成了社会热点。那一天是维多利亚的生日，恰好布鲁克林的Instagram粉丝达到了100万，他自豪地对大家说："今天是我妈妈的生日，还有件事，我的粉丝达到了100万。"这时，贝克汉姆突然出现在镜头里，他说："我有5200万哟！"布鲁克林一脸尴尬，令观众会心一笑。

再后来，哈柏·塞文·贝克汉姆出生，这位昵称"小七"的小女孩成了这一家人宠爱的焦点，也成了最新的价值增长点。没有人不知道贝克汉姆有多宠这个女儿，她的一个涂鸦被贝克汉姆做成了文身，她的名字也纹在了贝克汉姆的皮肤上，贝克汉姆几乎不离手地抱着这个小公主，维多利亚也经常分享小七的照片，并获得了无数点赞。

这个家庭的大众关注热度始终不减。随着儿子们长大、交女友、拼事业，女儿不断地成长，可以预见，这个家庭在未来数年内，依然不会跌出人们的关注范围。这就是把叠加价值做到完美的贝克汉姆一家。

总之，叠加价值强调的是优势互补，走的是持久路线，需要稳扎稳打，需要一个情商含量高的切入点。

贝克汉姆一家不会把家庭生活巨细无遗地展现在公众面前，他们只会截取最有社交价值的那部分，或风趣，或美丽，或揶揄。这样能让他们既星光闪耀，又平易近人。

换言之，不断磨炼，不断积累经验，最初的简单相加也能成长为价值叠加。所以，千万别错过那些让自己叠加价值的机会。

当然，你也许不care团体作战，而喜欢单打独斗。如果你是这样的人，那么不妨参考一下“霉霉”泰勒·斯威芙特的经验。

霉霉永远不缺社交币：“实力+话题度”的巨大影响力

霉霉和抖森恋爱了！这个消息迅速席卷了全世界的网络。那个梦幻般的男人恋爱了！这是个令全世界女性黯然神伤的消息。对象竟然是霉霉——泰勒·斯威芙特！我们当然知道这位出生于美国的女歌手在音乐上的一连串丰功伟绩：乡村音乐奖、人民选择奖、全球奖、艾美奖、世界音乐奖、格莱美奖……从乡村音乐到流行音乐，她做得风生水起。霉霉在live现场表现出的爆发力和张力，更让她无愧于这些荣誉。她还是《福布斯》财富名人，音乐制作人，慈善家。

年轻貌美，个性十足，粉丝遍布全球，钱多得花不完，人生赢家。但音乐上的成就不能让霉霉满足，她要的是持久的关注度。**想要永远不掉下话题榜，就要不断制造话题**。霉霉无疑是一个话题制造高手，她任何一个动作都可能成为下一个争议焦点。比如，她的恋情。她的每一次恋情都是高调的，不掩饰的，她甚至可以在中意的男人家旁边买一所房子。就是这么任性。

她的任性主要表现在分手之后，她会给前男友写一首情歌，放进自己的新专辑里。这些歌有的是道歉（如写给Taylor Lautner的*Back to December*），有的是讽刺（如写给Harry Styles的*I knew you were trouble*），还有抱怨、伤心、挖苦……霉霉的前男友包括模特、演员、歌手、名门之后，从清纯暖男到花花公子，类型众多，也因此没有人看好她的恋情。当媒体公布了她的新男友时，人们首先想到的不是询问她何时会结婚，而是猜测她何时会分手。

但这就是一个有爆点的话题。看，霉霉的新恋情发布了，美国人都在谈，英国人也在谈，中国人同样津津乐道，甚至那些不知道霉霉是谁的人，都被社交媒体上蜂拥的刷屏挑起了兴趣，动手指了解一下此人的生平，看看她极具魅力的演出视频，从此了解了她的才华和音乐。看，这就是热点带来的关注度，关注度带来的新粉丝。

何况，这次霉霉的恋爱对象是“抖森”——汤姆·希德勒斯顿，伊顿公学、剑桥大学、英国皇家戏剧艺术学院这一连串光环，使英俊优雅的抖森有了很多演员不具备的深邃内涵，他身材好，声音性感，会唱歌跳舞运动，懂七八种语言，被英国杂志评为百位性感电影明星中的第二位，是女性心目中当之无愧的梦中情人。

他同样有深厚的群众基础和遍布全球的粉丝团，可以说，霉霉和他谈恋爱，无论是交往、闹别扭、结婚、生孩子还是分手，他们的关系将长期成为狗仔队们的热门，成为造福八卦群众的热点，霉霉这么大方的人，一定不会介意大家一起分享她的感情生活的。

这就是霉霉，她不断制造社交币，不管这些社交币是正值还是负值。她给年轻人带来了耳目一新的歌曲，给新闻记者带来了源源不断的热点，给看热闹的闲人带来了不间断的话题。她还经常制造事故，与人争吵，昨天招惹了艾薇儿，今天又和“水果姐”凯蒂·佩里吵个面红耳赤，最近又在和“侃爷”及其妻子金·卡戴珊口水战不断。欧美圈躺枪的、凑热闹的、帮骂的、反驳的，全部真人上场，热闹非凡。

别以为霉霉会在过多的绯闻中冷却下去，所有的绯闻都在为她的新专辑打开更多的销路，她的创作功底以及声音是实打实的！**霉霉是粉丝经济时代一个经典的成功案例，她为人们展示了“实力+话题度”的结合会带来多么巨大的影响力。**无论你是盼望她快一点失恋，还是快一点结婚，或者只是想知道她的下一首歌会写什么……这种关注，都能帮助她获得社交币。

换言之，在这种模式之下，你也许不喜欢霉霉的容貌，但你也许会喜欢她的某一首歌；你可能不喜欢霉霉的音乐，但不妨碍你看一看她的光辉履历；你也许懒得知道她获得过什么奖，但你仍然可以对她的绯闻发表一番看法；就算你什么也不说，你也会不断看到她的名字……看，霉霉永远不缺社交币！

不过，别以为不断闹绯闻造话题，你就能成为霉霉，不，如果你没有能力得到她能得到的那一串大奖，没有能力保持自己的核心形象的质量，你只能得到一时的社交币，它们很快就会被分流、被取代。换言之，**你不能只赚取负值社交币，应该把正值社交币作为基础**。这给我们的启示是：**实力才是硬道理，任何时候都如此。**

个人价值和叠加价值的不同在于，个人价值可以从各种方向无限发掘，叠加价值却要注意分寸，两者没有好坏之分，只看哪个适合你。

如果能在强调个人的同时，适当借助他人的力量，更会产生巨大的宣传效应。这一切的一切，都要看你能不能等到机会，能不能把握得住机会；又或者说，你能不能制造机会。

教你5招，迅速提升你社交币的含金量

“你说的很有道理，可是，我们既不是贝克汉姆也不是霉霉，我们只是有着普通工作、普通想法、普通生活的普通人，他们的经验对我们有什么用呢？”

也许你正有这样的疑问。但是，贝克汉姆和霉霉也曾经是普通人。也许你可以说他们具备天赋，那么我们举一些更加贴近生活的例子，那些在网络上很红的ID，不都是从零点击开始的吗？甚至就在你自己的朋友圈里，有些人热度高，有些人乏人问津，难道仅仅说明前者人缘好吗？**想要社交币，就要学会经营**。怎样经营呢？下面是一些常用招数。

第一招：更多分享

你是厨艺高手，经常拍一桌子美食，然后收获了许多点赞和贤妻良母、厨房暖男之类的评价。但如果你止步于此，那你只是一个观赏品，人们不会为你投放过多的社交币。

如果你在这些照片旁边加一些烹饪小秘诀，或者说一说烹饪带来的幸福感，从而引发他人的烹饪兴趣，你的社交币无疑已经掌握了升值的根本。

如果你把一道很难的菜品分解成简单的过程，做一个有趣的教程，你的社交币无疑正在进一步增加其价值。

如果你将你的做菜过程拍下来，加以适当剪辑，手把手地教别人做菜，那么不但你的朋友们会喜欢，你的新粉丝也会随之而来。

如果你的厨房、厨具、摆盘都充满了艺术感，再配上优美的音乐，把观看

烹饪变成一种艺术享受，无疑、你已经成了绩优股！

第二招：更高品位

在互联网上永远不缺信息，缺的是品位。

在你的朋友圈的清一色自拍照里，总会有那么一两位与众不同者，她们不是披头散发嘟唇剪刀手，而是突出自己的特质，例如迷人的气质，考究的服饰，拍摄的角度……看她们的照片，就像在看一份艺术品。

品位体现在各种方面。你的服装，你的运动，你的爱好，你的阅读，你的文字，你的朋友圈内容，都能透露出你是一个怎样的人。

一个会思考睡衣和红酒关系的人无疑很小资；一个照片上只穿淘宝爆款的人绝对谈不上很时尚；一个偶尔发表有深度文章的人肯定思考独到；一个整天转心灵鸡汤的人的生活并不会充实得到哪儿去……这些判断也许会有些偏颇，但却很有代表性。

细节方面也可以体现品位。书桌上摆一本《美的历史》，效果绝对好于放1000本《青春×××》或《向这个世界说×××》；手边的钱包是低调又有设计感的大品牌或精心手制品，效果远远超过地摊货；墙壁上有一张自己亲手缝制的拼布贴画，好于海报和带着木头框子的印刷画；床单和地板的颜色对比协调，好于胡乱搭配……这些东西，想必每个人都有体会。

适当藏拙，把最好的部分亮出来，才是积累社交币的关键。也许你应该多学一学那些有品位的人，先改善自己的生活，改变自己的恶俗趣味，然后再去有经验、有见地、有选择性又有趣地晒、晒、晒。切记，人们永远欢迎能够帮助自己的展示。

第三招：更多趣味

故作高深并不是提高关注度的好办法，因为它让人不知该如何接近。一篇艰深的文章或一张抽象的图画大概只能让行家啧啧称赞，群众对它只有“虽然不懂但看上去好厉害”的不明觉厉感。人们很少拿这类东西当社交币，因为在大众对话中，通俗易懂才是王道，你满口“真真是个好东西”，难免会被喝令：“说人话！”

所以要转变分享观念，变艰深为通俗，化深奥为有趣。例如，写国人感到陌生的欧洲艺术，如果照本宣科，列出作者国别作品再加作品分析，就会让人产生更大的距离，人们追求的是休闲有趣，而不是对着教科书打呵欠。

这时，有人以讲八卦的形式侃侃而谈，说起欧洲艺术史上热闹的传说，画家与画家之间的摩擦，公主与浪子的艳遇，名画的由来和遭遇，配上一张张精美的油画，大大提高了人们的阅读欲望——而且，这种八卦式知识好学好记，方便加在谈话里显示自己的渊博，这样的社交币才是最理想的。

第四招：更加时髦

赶时髦是人类的一大天性，谁也不想被人说已经“落伍”“out”甚至“low”。时髦让人看起来有活力、有新鲜感、有站在时代前沿的聪明和魄力，还有在同类中高人一等的谈资。所以，在时髦上下点功夫，错不了。

时髦要“赶”，第一个走进电影院看热门电影回来就写个中肯的repo；某某牌子新品上市抢先实用，一面拍照晒，一面客观公正评价优缺点……换言之，随时当“第一个吃螃蟹的人”，时髦并用实际经验给大家提供参考。

“赶”需要时间、需要金钱、需要精力，如果你认为自己赶不上，干脆就在深度和广度上下功夫，缔造有个人品位的时髦感。经常换手机牌子是时髦，用10年时间坚持一个牌子也可以是时髦，关键在于你是否拥有他人没能拥有的东西，包括并不只限于商品和体验。要记得时髦的本质就是新鲜，你够独特，就可以成为风向标。

第五招：更多便利

你以为别人来你的朋友圈、微博、公众号、网站是来做什么的？赞美你美丽的面容？夸奖你动人的口才？羡慕你优雅的生活？钦佩你丰富的学识？或者打发时间看笑话？不，**大多数人并不是我们臆想中的毫无头脑的社交币提供者，他们不会免费无限量地供应自己的时间和点赞来看或真或假的作秀，他们要么想要联络感情，要么想要扩充谈资，要么想学习如何装点门面。总之，他们有所求。**

尽管这种要求比较抽象，有人可能想要笑一笑，有人可能想要换个心情，有人纯属来凑个热闹，但这种抽象需求不应该被忽略，作为一个聪明体贴的社交币持有者，你理应尽量提供他们想要得到的东西。

这并不是说，你要完全按照别人的爱好来，而是说你应该察觉到潜在的需求，丰富自己以满足更多的需要，这样，你的社交形象才会更加丰满。

与人方便自己方便是一条真理。不吝啬地分享你的彩妆秘诀，你当然会培养一批竞争对手，但却会换来更多的粉丝；po出你的生活小秘诀帮助更多的人，你显得更加平易近人让人喜爱；哪怕好好注意一下文字和图片的排版，让观众眼睛更舒服，都会收到更多的赞美……最重要的是，你要给到此一游的人提供话题，让他们可以回头跟朋友说："那个谁谁谁今天分享的颈椎操真不错，TA亲自试验过呢！"

欲取之，必先予之。与其只当一个社交币的占有者，不如当一个社交币的提供者。当人们发现你这里有源源不断的社交币，他们就会常驻于此。

切记，**你是一个服务者！你是一个服务者！你是一个服务者！**重要的事情说三遍。

如果抢西瓜的人太多，不妨先专注于某一粒芝麻

人们常用"捡了芝麻，丢了西瓜"来比喻因小失大。为什么会有人为了一点点小事把贵重的东西丢开呢？现实生活如此复杂，人们究竟该如何判断什么是西瓜、什么是芝麻呢？又或者，如果我们根本搬不动西瓜，捡一粒芝麻又何妨？也许它能种出一片新天地呢。

相比于芝麻，人人都想要西瓜。西瓜甜，西瓜大，西瓜有市场，但是，当人人对西瓜趋之若鹜，人人都追捧西瓜的时候，它反而成了过于平凡的大众产品。这时，无人问津的芝麻却显示出了它的价值，手中有芝麻的人反倒

有了王牌，“物以稀为贵”这个道理，同样适用于社交币的积累。

现在，你开了一家公司，你的第一个项目是独立开发一款新型的旅游APP，你必须让它新颖独特能俘获第一批粉丝的心，完成第一桶社交币的积累，奠定你公司腾飞的第一步。你的思路是什么呢？这个问题可以测试你究竟对社交币、对市场、对人们心理的了解是否准确。

你首先感到的是困难，非常困难。这个市场早就被一些大网站瓜分得不剩几块地，从火车票到酒店再到景点门票甚至连旅游地饭店的饭票，都可以通过某一家网站订好，还有更多的同类APP在跃跃欲试，企图掀起新的旅游模式，你的所有想法都是苍白的，你对自己越来越没有信心。

可是，为什么一定要做一个包罗万象的高大上的APP？既然你的公司还没有这样的实力，为什么不让你的创意小巧一些、有针对性一些？试着把西瓜先丢开，捡一粒有特点的芝麻，它同样能给你带来机会和效益，而且它的取胜率要大得多！

我们不妨说一说那些小而好用的旅游APP。

预算住宿

住宿APP着实不少，但也依然可以独辟蹊径。试着开发一个预算页面，只需要把住宿预算输进软件，就能自动搜索符合条件的最优推荐，如民宿、短租、快捷旅馆或包接送的大宾馆，免去了人们到处搜索住宿地比较价格的时间，怎能不受欢迎！

穷游

穷游是一种大众又经济的旅游方式。说是“穷”，其实出去旅游的大多不是只想着流浪的背包客，多数人追求的是省钱又实惠。所以不要把重点放在“价格最低”上，而要注意“性价比”。只要拿得出最实惠的组合方案，你的APP就会深入人心。

组合旅游

有不少人不愿意跟随行程紧凑的旅行团，但想要自由行又觉得寂寞、担心花费太多，他们想要和靠谱的陌生人一起旅行，想走就走，并分享旅店房间和旅途见闻，留下共同的回忆。一个找旅伴、找驴友的APP可以满足他们的需要，以此为基础，可以招揽许许多多怀有旅游梦又不愿意独自出门的人，还能大大调动普通人交友、出游的积极性。

翻译

翻译软件花样众多，有的是多国语言带语音，有的是花式外表卖颜值，有的附带相关语言用法，有的干脆设计成学习旅游一路通。不妨把卖点定在“最贴心的翻译”，专攻旅游翻译。输入目的地，自动提供航班消息、旅店消息，恶补常用语、常用电话等，全部信息双语化。定制路线后，提供多条可能用到的地名、常用语、地图、交通状况等当地咨询，让人们能依靠这个小软件实现全程无忧自助游——谁不想有个这么方便的东西呢？

吃吃吃

民以食为天，出去旅游一次，美景可以少看，美食不可少吃，一些城市甚至开辟了“小吃公交”，为的就是满足人们的饕餮心理。寻找当地特有的纯正小吃、寻找口碑大于广告的“苍蝇馆子”、寻找每天只营业几个小时的老牌神秘小吃的任务，就交给这个APP吧。制定节约有效的小吃公交路线，让人们不费事不费力地挖到最地道的当地食物；不时推出一个“今日热门吃货路线”，用诱人的图线吸引人们点击；利用定位系统，推出“身边就有美味”，让不出门旅游的人也能把这款软件当作“吃吃吃”指南。

乡土旅游

说到旅游，人们的目光总是盯着大城市和热门景点，其实还有不少人想去风景好、空气好的农家地带找一找真正舒心的外出感。做一个软件专门介绍那些不热门却有美景、有美食、有特色的小地方，详细的介绍配上参与者的旅游反馈，为大众出游提供新选择，吃惯了大鱼大肉的人，不会排斥这种精美的清粥小菜。如果你能联系当地的农家作为住宿地，那更是未来的一笔大财富。

……

专注往往意味着深入翔实，意味着精品和限定。也就是说，专注天生就带了口碑气场，专注点越小、越细，越能让人从心理上产生“这应该是个好东西”的信赖感。

其实每一个看似不大的专注点都对应着一个巨大的客户群，专注点一旦做到最好，你就收获了一笔最稳定的社交币，货真价实而且不容易流失。**与其跟**

着别人抢西瓜，不如现在就找一找你的芝麻。

自我赞美的学问：“三只松鼠”这样收获高“回头率”

社交币成长的本质是什么？是传播力的进一步扩大，是营销能力的提高，接受范围的变广，社交币持有者越来越有feeling……常言道，“王婆卖瓜，自卖自夸。”社交币持有者的自我宣传，也可以看作是一个卖瓜的过程。那么，怎样赞美自己才不会讨人厌呢?

先看一个真实的例子。一位河南农民以种西瓜为业。夏天到了，他和别的农民一样，起早贪黑地拉了一大车西瓜出来卖。可是到处都有卖西瓜的人，这个说我的瓜甜那个说我的瓜好还要打一打价格战，真让人感叹市场的残酷与生活的无奈，不如回家写写字……写字？没错，这位农民的业余爱好是练习书法。想到书法，他计上心来，干脆在西瓜身上刻上龙飞凤舞的吉祥话。这一办法令竞争者望尘莫及，也让他的名气不胫而走。

市场里吆喝也好，西瓜上写字也好，都是一种营销方式。前者吆喝的是产品，后者卖的不只是产品，还有包装。偏偏人们就爱看这一层包装，有了包装，同样的产品坐地起价，值钱的就是包装、就是创意。事实上，这包装已经具备了社交币的基本功能，将它放在网上，肯定能造成一轮热潮。

现在，让我们以一家专门卖坚果的公司为例，学一学包装的学问。

零食，日常生活中不可缺少的消遣食品，也是网络商家们的热门选择。出货快、进价低、易上手、人人都能卖，在网上开家零食店，一个月总能有些收入。不过，市场虽大，竞争也激烈，随着零食大户越来越多，人们不得不在营销方面绞尽脑汁。

早年最有名的零食散户叫“飘零大叔”，他靠着机智的回复吸引买家，有些人为了看他的搞笑回复，专门去买零食。后来，各类营销花样越来越多，店主们越来越难吸引粉丝，于是有人开始另辟蹊径。

2012年，“三只松鼠”这个品牌出现在了人们的视野内。这个品牌一出场就有着准确的定位：卖坚果！不同于其他铺子有各式各样的零食，“三只松鼠”专注于为人们提供最新鲜最优质的坚果，公司直接委托全国50多家供应商进行加工，质量由公司统一控制，并省掉了过多的中间环节，让产品能够以更低价格、更好质量、更快速度送到顾客的手中。

“三只松鼠”在包装上大下功夫。首先看看这个牌子，松鼠最爱坚果，这个牌子给人一种天生的信赖感，仿佛选择这个牌子，就选择了松鼠们的坚果。统一的包装更让产品显得上档次，卡通松鼠形象十分可爱，贴近年轻人的喜好。商家尽情展示着“三只松鼠”的魅力，让它们成为品牌、成为代言人、成为客服、成为顾客的萌宠。品牌动漫化战略由此拉开序幕。

松鼠小贱，有着大眼睛，天性乐观，调皮捣蛋；

松鼠小酷，沉稳冷静，内心闷骚，令人信赖；

松鼠小美，漂亮优雅，外柔内刚，时而傲娇。

“三只松鼠”不但在包装上形象百变，还有各自的动画作品在网上播放，以可爱的形象和性格受到人们的喜爱。“三只松鼠”的传播走的是多元化路线，让人们可以轻易地知道它们的名字、感受它们的魅力、记住它们所代表的品牌，这种营销模式深谙互联网传播的精髓所在，“三只松鼠”本身有自己的粉丝，后来更是开了自己的旗舰店，拟人的动漫形象也“活”了起来，道路越走越宽。

再说说“三只松鼠”的服务。产品品质自不必说，服务极其细心，每个包裹上都有坚果形状的开箱器，让人不费力地就可以划开包裹上的胶带；每个包裹里都配送垃圾袋，收纳坚果核，名字也很可爱：“鼠大袋”、“鼠小袋”；此外还配有坚果徽章、坚果书签等赠送品，上面少不了小贱、小酷和小美的萌萌形象。可以说，**公司考虑到顾客收货后的每一个细节，并用小小礼物让顾客**

更加开心。这样细致入微的服务，怎能不令人满意？

传统的广告是自我包装、自我赞美，互联网广告则要求厂商更多地关注用户的需要，要求注入更多的新意和诚意。传统经营模式早已被打破，产品信息高度透明化，顾客可以自行比较各种品牌的价格，从各种反馈中了解商品的优缺点，选择性价比最高的牌子。在这种情况下，广告需要创意，服务更要周到，品牌价值往往既容易在细节中更上一层楼，也容易在细节上一落千丈。

商家也好，自媒体也好，追求的不仅仅是点击率，更追求“回头率”。看过一次，想看第二次；买过一次，再来买一次。想要顾客频频回头，就要拿出真正的内容，产品质量要好，服务质量要好，广告质量也要好，三管齐下，一轮宣传才算结束。这样的宣传耗时耗力，周期不短，却能带来最有价值的社交币：他人的喜爱和对品牌的忠诚。

广告带来效益，好内容带来社交币

电视屏幕上正上演着缠绵悱恻或惊心动魄的一幕，主角们的命运即将改变，沙发上的观众心跳加速，手心出汗，情绪完全投入，突然——

“×××牌食用油，开辟厨房新生活！”

“××家电，引领时尚安居。”

“××××口服液，你的健康，我的梦想。”

……

一堆广告就这样毫无预兆地插了进来，让屏幕前的观众大为扫兴。估摸着之后还要有十几个广告，于是干脆拿起遥控器换了另一个台。这种扫兴的体验，想必每个人都有过。有段时间，电视广告泛滥，一集电视剧或综艺节目，恨不得掐为四五段，每段插播上四五分钟的广告。到后来，广告越来越多、越来越长。

如今，社交平台上也同样面临着广告泛滥。随着越来越多的广告与社交平台、与自媒体对接，人们可以靠手中的社交资本发布广告，拿提成或宣传自己。这是社交币变现的一大手段，本来无可厚非。可是太多的人为了广告而社交，为了变现而积攒社交币，过分的急功近利，非但没有给自己带来幻想中的“广阔钱景”，反而因此造成了关注度下降、社交币流失，广告功能也随之消失。

如果你已经建立了一个流量不错的自媒体平台，并成功地在上面投放广告，实现变现，你一定正在为如何把握广告和平台内容的比例而忧心忡忡。你看过太多平台因广告问题而失去了原有的活力，被粉丝嘲笑甚至抛弃。但为了平台能够更好地存在，大多数人都会选择变现。有没有一种两全其美的方法，既能打广告，又能吸引更多粉丝？以下方法可供参考。

1. 在广告内容上下功夫

需要注意的是，人们其实并不排斥广告，特别是那些有艺术性、趣味性的广告。好的广告同样能引起大规模转发。例如，日本某厂商推出了一款智能名片APP，为了推广，做了一个名为《100人之间要如何交换名片》的视频，视频中不同数量的人们以广场舞形式交换名片，令人眼花缭乱，让人不禁深深叹服导演的奇妙构思。这个广告不但在日本引起了疯传，还被推广到了世界各国。可见，好广告不但不会让粉丝厌烦，它本身就是极有价值的社交币。

所以，倘若你能注重广告的内容性，在形式上、编排上、艺术上达到与众不同的效果，不但粉丝会为你喝彩，广告商也会对你青睐有加。单纯发软文广告已经越来越不吃香，创意广告如今正在流行。让广告别具一格吧，这样你的关注度才能有增无减。

2. 广告要有时间上的间隔

自媒体有其固有价值，关注者因此而来。倘若广告数量太多，关注者需要在各种广告中寻找他关注的话题，自然会心生不满，甚至厌倦离去。打广告不宜过于频繁，密集发布虽然能取得一时的宣传效果，却也挑战着粉丝的承受底线。要记住，粉丝来到你的平台，为的是得到有价值的社交币，而不是看广告。

时间间隔对商品本身也有好处。一个广告发布后，信息接收者需要一个接收、传播、考察、反馈的时间，这个时候倘若覆盖了另一个广告，就会影响前一个广告的传播效果。几天之后，第一个广告的宣传效果已经发酵完毕，人们开始淡忘，这个时候再放上另一个广告，重新拾起人们的注意力，才能够产生最佳的广告效应。

3．提供粉丝福利

没有粉丝会反对得到一个免费的礼物。把广告和抽奖捆绑在一起，用转发促进广告，奖品最好是广告产品，这种广告既能够增大传播量，又能回馈粉丝，是一种双赢广告。粉丝福利同样不要太频繁，一来你未必有这个资本，二来频繁抽奖会让你看上去更像营销号。

4．用心经营“间隔带”

广告与广告的“间隔带”是自媒体的自留地，也是自媒体拥有者的价值所在，用户最想看到的往往是这个部分的内容。可惜，越来越多的自媒体忽略了这个地段，内容也越来越敷衍，不是转发热门微博，就是写一些不怎么有趣的段子，甚至本末倒置，把才能全都用在广告上。间隔带一旦丢失，粉丝就再也找不到关注你的理由。可见，这里才是经营的重点。

间隔带就是内容自留地，有你最想展示也是粉丝最感兴趣的内容。本书一直在强调内容的重要性，在这里做个提醒：**内容不等于价值，能吸引人的内容才有价值**。能吸引人的是那些有创意、有趣味、有知识性或有感悟性的内容，不是无聊的鸡毛蒜皮的内容。

想要保持平台生命力，就要把主要精力放在间隔带上，而不是把全副心思用在研究广告上。要始终记得你不是购物平台，也永远达不到购物平台的专业程度，你的本分是做一个偶尔做广告的自媒体。

娱乐娱乐又娱乐，创意创意再创意

还记得QQ和校内网普及的那几年，最流行的游戏是什么吗？没错，是偷菜。且不说年轻人没事就跑到好友的菜园子里去偷点白菜萝卜的乐趣，这个游戏最大的成功，恐怕就是让许许多多上了年纪不知电脑为何物的中老年人了解了QQ，当然，这里面也有麻将和扑克等游戏的功劳。这一项全民游戏曾火热到什么程度？有些人一天里要定好几次闹钟，为的不是工作不是约会，而是收菜和偷菜！

这款游戏为什么会如此火？因为它瞄准了人们的娱乐心理！无论何时，娱乐都与生活密切相关，娱乐不分国界、不分人种、不分贫富，是所有人的基本心理需求。娱乐，无论是游戏、八卦，还是聚会、聚餐、旅游，只要能让人身心愉快，就会有广大的传播市场。可以说，娱乐本身就是社交币，为人们提供说不完的话题。如果你问一句："今天你读书/锻炼/学习了吗？"未必有人会理你；如果你问："今天你娱乐了吗？"一定会有人愿意和你说说今天TA做了什么开心事。

娱乐就是有这样的效应，娱乐至上是互联网上不变的追求，那些能让人开心一笑的信息，总是传得最快最广的。没有人排斥真正的娱乐，想要社交币稳定成长，不能忽视娱乐性。搞笑的段子为什么大行其道？因为每个人都希望得到轻松的享受。

可是，网络娱乐竞争激烈，如何以娱乐出风头，需要用心思考。让我们学习学习任天堂公司的做法。

最近，任天堂公司推出的一款游戏风靡了全球，它的中文版还在制作中，但已经有不少国人听过它的大名：Pokemon Go。“走，去抓小精灵！”“我抓到了杰尼龟！”“我抓到了皮卡丘！”这一类消息连同截图出现在了推特、脸书和微信朋友圈。不懂行的人难免发蒙，等他们懂了，抓捕大军就又要增加新的一员了。

在各个国家的街道上，到处可以看到拿着手机抓小精灵的人。手机一响，显示附近有一只小精灵，你可以立刻拨动精灵球去抓住它，可以收集各种小精灵，还可以让它和其他玩家的小精灵进行对战。小精灵们可能出现在任何一个地方，你家附近，你公司附近，你去的超市，你去的旅游景点……到处都可能抓到它们！当然，也可能你附近一只都没有。

这款游戏为什么让人疯狂？因为它新颖！它改变了古老的游戏观念，让人不但用双手，还要用双脚去参与这个游戏。过去，你只要坐在房间，或者躺在床上，就能玩一款网络或者单机游戏，游戏让人越来越宅。**这款Pokemon Go却彻底颠覆了游戏概念，它让人必须走出去，走得越远越好，动起来才能玩得好这个游戏。**

于是，这款游戏既满足了人们的收集癖好、对战癖好、娱乐癖好，还让人参与运动，简直是一款健康游戏！这么新颖的形式，谁不想试试呢？何况，《宠物小精灵》可是人们的童年回忆，多少人羡慕过主人公小志，现在，你也可以拥有小精灵，可以亲手去抓住它们了！

让我们以抽象的角度看待这款游戏，它为什么能够成为社交热点？因为它集合了收集、减肥、怀旧、比较、对战等当下的流行元素，又打破了人们的固有观念，给人以全新的感觉，它迅速成为社交焦点，每个人都渴望持有这样既新鲜又超值的社交币，传统游戏公司等于借助这个产品，完成了一轮社交币融资，重新走进了人们的视野。

抱怨社交币难以成长毫无意义，抱怨话题老旧、头脑僵硬也只是浪费时间。**创意并非遥不可及，它就在那些司空见惯的事物中，只要你懂得集合、转化、嫁接、搭配、筛选，你就能用老掉牙的元素创造出新的东西！**

想让社交币一直成长，你需要不断激发个人的想象力和创造力。关注人们的娱乐焦点，才能创造出新一代的大热门。

用好社交币，领航自媒体时代

一个叫奥伦·埃齐尼奥的人因为没有买到最便宜的飞机票，开始思考机票价格高低不定的原因。你以为他经过观察思索，调查取证，总结出了一套机票价格与季节、与时间、与航空公司的关系吗？错！这些全都不在他的思考范围内，他要做的是弄出一套软件，它的功能只有一个：帮乘客预测出哪一家航空公司的机票价格最低。

听起来是不是有点天方夜谭？在数据化时代，这却是一件极具可行性的事。埃齐尼奥利用各大航空公司过去提供的飞行数据和数据库提供的价格样本，做出了一个预测系统，它固然不能100%准确，只能达到75%，但人们并不会吹毛求疵地追求百分之百，他们追求的是省钱，毫无疑问，这个系统帮他们省了一大笔钱——每张机票都省了至少50美元。

这就是Farecast公司的由来。后来，这个公司被微软收购，这种搜索技术也被广泛应用。我们不是在普及科技知识，而是在本书的最后郑重提醒各位：你生活在这样一个时代——一个高科技时代、互联网时代、应用化时代，如果你还没有理解自己所处的环境，你就只能被五花八门的科技弄得迷迷糊糊，而那些懂得利用科技的人，已经远远地走在了你的前面。说得更确切一点，你可以不理解那些复杂的数据技术，但你一定要理解大数据时代。**最重要的是，你要理解社交币。**

社交币是网络时代的产物，它拥有巨大的能量，而且，它不只属于政府、大企业、名人，它属于千千万万的普通人，它能给所有善于利用它的人带来改变命运的机遇。它的作用远远超过了我们的想象，它能给你带来最广泛的关注，能给你带来一些非网络时代根本想不到的合作，它能把你的名气推送到地球的另一面，它能给你带来真实的巨大的财富。

想跟上这个时代，就要积攒、分享、利用社交币，想获得真实的财富，就要妥善经营自媒体。每一个有一定人气的ID都可以成为自媒体，门槛低，约束少，途径多，只要动脑，总能找到适合自己的宣传模式，但自媒体积攒的社交币未必能够变现。更因为太过追求广告，而降低了内容要求，最后影响了社交币价值。

而且，门槛低导致自媒体传播现状的良莠不齐，急功近利的心态导致某些自媒体只顾博眼球、搏出位，为了走红，不惜牺牲个人形象和名誉，一时的热闹最后落得被粉丝抵制的下场。偏偏很多人只看热闹不看长远，以为“爱拼才会赢”，拼着自己的脸面招揽粉丝，也只落得被人看笑话的下场。

某些自媒体的成功也导致一些网民将自媒体当作发家致富的手段，整天沉迷网络，希望红上一把。他们既没有一技之长，也没有立身之本，更没有宣传策略，甚至不太懂网络礼仪，他们在网络上耗费时间，耽误了正常生活，得不偿失。网络固然飞速发展，但没有人会把生活搬到网上，它依然只是生活的辅助。过分关注网络，只会造成本末倒置。

何况，互联网在中国发展了将近20年，互联网经济起步也超过了10年，已经过了野蛮生长的时代，如今越来越多人开始呼吁规范、呼吁理性、呼吁秩序。互联网正在走向正规，人们的观念也要随之改变。人们对社交币的追求不再是简单的“出名”，而要更加妥善、更加长远地处理网络和个人、网络和事业、网络和生活的关系。

在未来，互联网将更加深入我们的生活，“人人自媒体”的时代并不遥远，社交币必将在未来占据更为重要的地位，成为个人不可替代的资源。所以，应从现在就重视这个问题，切实地制订个人社交币计划，把它当作一项储蓄、一项投资，甚至一项长远的事业。

欲在自媒体时代成为领航型的人物，就一定要用好社交币。为了用好社交币，不妨让我们重温一下社交币的几个“硬指标”：

技术性。技术达人永远受欢迎，在众多分享中，人们最爱的不是热闹，而是技术含量。如果你能设计出维棠、硕鼠、ADsafe、SpaceSniffer等软件，你根本不需要担心广告和下载量，粉丝们将蜂拥而至，把你当作真正的大神。

专业性。网络上博学的杂门人才不少，因为他们大多口若悬河，谁也分不清真假。因此，专业性人才显得更加难得、更加可靠。在专业上下功夫，让自己更富有专业精神，不但在现实中是别人夺不走的金饭碗，在网络上也是一笔不会贬值的正资产。

学术性。即使娱乐至上、解构无敌、搞笑当道，人们也不会改变对知识的尊重，因为知识才是进步的源泉。有学术素养的人具备学者精神和风范，让人看到真正的深度。网络多的是浮躁，缺的是深度，你的深度也许不会让你大热，却能让你与众不同。

创意性。每个网民每天都要接触成千上万的信息，但无论是知识、技术、娱乐还是普通的八卦，都需要靠创意才能引起人们的关注。有创意走遍天下，没有创意想走红只能靠运气。创意，就意味着要多学习、多思考、多经历。换言之，要真正地热爱生活，热爱网络，才能赢得起大家的喜爱。

总之，自媒体时代，社交币就是资产，就是流通货币，要有正确的理财心态、积极的理财态度、完善的理财措施，还要不断地改进自己的招财工具。

态度决定了自媒体的得失，手段决定了社交币的多寡，你**要么有知识，要么有创意，这是真正的硬货币**。用你的知识和创意去创造价值，这就是社交币的意义。